KB154705

세 상에 대하여
우리가
더 잘 알아야 할
교양

72

지은이 소개

지은이 **양서윤**

서울에서 태어나 자랐고 한국외국어대학교에서 영어와 스페인어를 공부했습니다. 인간이 환경에 미친 영향과 이를 극복할 미래 기술에 관심이 많아 다양한 분야의 전문가들과 미래 이슈를 토론하고 공유하는 Whys에서 활동하고 있습니다. 저서 《자유 대 규제, 무엇이 먼저일까?》《세상에 대하여 우리가 더 잘 알아야 할 교양 60: 올림픽과 월드컵, 개최해야 하나?》《세상에 대하여 우리가 더 잘 알아야 할 교양 67: 우주개발, 우주 불평등을 초래할까?》를 집필했습니다.

세 상에 대하여
우리가
더잘 알아야 할
교양

양서윤 지음

72

선진국

대한민국은 선진국일까?

내인생의책

차례

들어가며 - 6

1. 선진국의 조건 - 10

2. 선진국의 이면 - 22

3. 대한민국의 현주소 - 36

4. 여전한 문제점 - 50

5. 선진국을 판단하는 새로운 기준 - 68

6. 유토피아는 가능할까? - 80

용어 설명 - 94
연표 - 96
더 알아보기 - 99
참고 자료 - 101
찾아보기 - 102

※ 본문의 **굵은 글씨**로 표시된 단어는 94페이지 용어 설명에서 찾아보세요.

들어가며

"대한민국 1인당 국민총소득(GNI, Gross National Income) 3만 달러 돌파, 선진국 진입"이라는 뉴스가 보도되지만 "아직 선진국은 멀었다."라는 말도 들려옵니다. 선진국이 무엇이길래 의견이 엇갈릴까요? 우리나라는 오랫동안 미국과 유럽 등 선진국을 동경해 왔습니다. 막연히 선진국은 풍요로운 경제, 안정된 **민주주의**, 오랜 산업화를 통해 발전한 기업, 세심한 복지의 나라라고 생각했지요. 모든 면이 고르게 발전한 이상적인 나라를 상상했습니다. 대한민국은 1945년 제2차 세계대전 직후 **한국전쟁**을 겪어 국토가 폐허로 변했습니다. 60년 전 1인당 **국민소득**이 67달러에 불과하던 우리나라가 어느덧 1인당 국민소득 3만 달러 시대에 접어들어 선진국과 어깨를 나란히 하다니, 이를 실감하지 못하는 국민도 많아요.

선진국이라는 단어는 매우 흔하게 사용되지만, 선진국을 판단하는 기준은 모호합니다. 오랜 시간에 걸쳐 그 의미가 조금씩 변해 왔지요. 선진국은 경제가 발달한 국가라는 의미의 경제 용어에서 출발합니다. 다양한 산업과

▮ 70년대와 현재 서울의 모습

안정된 경제 체제를 갖춘 국가이기에 한마디로 부유한 나라를 일컫습니다.

선진국이라는 단어가 처음 등장한 배경은 영국, 프랑스와 같은 선진 **자본주의** 국가를 독일, 이탈리아, 일본과 같은 후진 자본주의 국가와 구별하기 위해서였지요. 선진국은 종종 강대국이라는 단어와 동일하게 쓰였어요. 강대국은 18세기 이후 근대 국가 가운데 정치, 군사, 경제가 발달해 다른 나라에 많은 영향을 끼친 나라를 말하지요.

경제적으로 넉넉하고 사회 문화적으로 발달한 나라는 선진국, 개발이 덜되고 가난한 나라는 후진국으로 나눴습니다. 그리고 이 중간에서 발전하고 있는 나라는 **개발도상국**이라고 불렀지요. 초기에 선진국, 개발도상국, 후진국을 분명하게 나누는 기준은 없었습니다. 시간이 흐르며 점차 여러 시각을 종합해 적용했지요. 1인당 소득 수준, 산업화, 국제 관계 등 주로 경제적 측면을 기준으로 삼았어요. 1인당 소득은 높지만 석유 산업에만 편중된 사우디아라비아, 카타르 같은 중동 산유국은 선진국으로 분류하지 않습니다.

오늘날 선진국의 가장 기본 조건은 경제 안정입니다. 만약 국민이 제대로 먹지 못하고, 집에서 살지 못하며, 일하지 못한다면 다른 분야를 미처 돌아볼 겨를이 없겠지요. 경제 안정은 과학·기술, 정치·사회 제도 및 여러 문화적 측면의 발전을 전제합니다. 하지만 경제 수준만으로 한 나라를 선진국으로 분류할 수는 없습니다. 국가의 부유함보다 국민 전체의 행복도가 점점 중요한 기준으로 여겨집니다. 민주주의가 자리 잡았는지, 빈곤층 복지가 잘되어 있는지, 의료 혜택이 골고루 돌아가는지 등 국민 삶의 질을 전반적으로 고려합니다. 경제뿐 아니라 정치·사회·문화를 망라하여 비교하고 판단합니다. 지금의 선진국이란 국가의 여러 분야가 골고루 발전한 나라로 정의할 수 있습니다.

우리는 선진국의 세세한 모습을 잘 알고 있을까요? 자칫 선진국의 화려한 단면만 보고 있는 건 아닌지 돌아봐야 합니다. 나아가 대한민국이 경제를 넘어 종합적으로 선진국의 면모를 갖췄는지 자세히 살펴봅시다. 과연 대한민국은 선진국일까요?

1장 선진국의 조건

'선진국' 이라는 단어는 신문과 일상생활에서 널리 쓰여요. 선진국이라고 하면 미국, 프랑스, 독일, 영국, 캐나다, 이탈리아, 오스트레일리아, 일본, 스페인 정도가 떠오릅니다. 선진국은 말 그대로 정치·경제·문화 발전에 앞서가는 나라를 뜻합니다. 이는 곧 후진국, 뒤처진 나라도 있음을 의미합니다. 대한민국도 선진국 대열에 합류해야 한다고 어디서나 외칩니다. 뒤처진 과거를 떨치고 앞으로 나아가야 한다고 말입니다.

선진국이 되려고 노력하기에 앞서 먼저 선진국과 후진국을 판가름하는 기준을 알아야 합니다. 국제법으로 명문화된 규정은 없지만, 국제사회에서 통상적으로 인정하는 몇 가지 기준이 있습니다. 국제적으로 통용되는 선진국의 조건을 알아볼까요?

국내총생산(GDP)

국내총생산(GDP, Gross Domestic Product)은 국가의 경제 규모를 보여 주는 대표적인 지표입니다. GDP는 한 나라의 영토 안에서 생산한 모든 상품과 서비스의 합을 말합니다. 2017년 대한민국 GDP는 1조 5,302억 달러로 세계 12

위를 기록했습니다. 10위 내에는 미국, 중국, 영국, 독일 등이 있으며, 우리나라 GDP는 호주와 스위스보다 순위가 높아요.

세계 GDP 순위 (출처 : 통계청 , 2017)

순위	국가	GDP
1.	미국	19조 3,906억
2.	중국	12조 2,377억
3.	일본	4조 8,721억
4.	독일	3조 6,774억
5.	영국	2조 6,224억
6.	인도	2조 5,974억
7.	프랑스	2조 5,825억
8.	브라질	2조 555억
9.	이탈리아	1조 9,347억
10.	캐나다	1조 6,530억
11.	러시아	1조 5,775억
12.	대한민국	1조 5,302억

GDP를 한 국가의 인구로 나눈 값이 1인당 GDP입니다. 우리나라는 선진국을 목표로 수십 년 동안 전진했고, 2018년 1인당 GDP 3만 불 시대에 진입

했습니다. 국내총생산이 1조 달러가 넘고, 1인당 GDP가 3만 달러 이상인 나라는 미국, 독일, 영국, 프랑스, 이탈리아, 스페인, 호주, 캐나다, 일본, 대한민국 10개국에 불과합니다. GDP와 1인당 GDP를 종합하여 본다면, 대한민국의 경제 규모는 세계 10위 수준입니다.

IMF 선정 선진 경제국(IMF advanced economies)

국제통화기금(IMF, International Monetary Fund)은 국제 금융 체계를 감독하는 기구입니다. 회원국의 요청이 있을 때는 기술 및 금융 지원을 직접 제공하지요. 한마디로 외화가 부족해 어려움을 겪는 회원국에 돈을 빌려주는 세계 기구입니다. 1997년 **외환보유액**이 부족해 경제 위기를 맞닥뜨린 우리나라에 IMF가 200억 달러를 빌려주었습니다.

한때 우리나라에 돈을 빌려주었던 IMF는 이제 우리를 경제 선진국으로

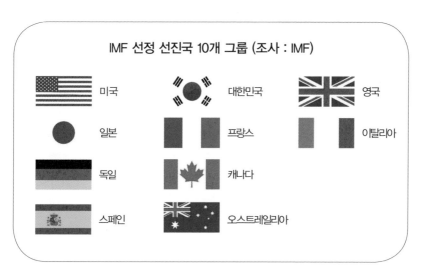

IMF 선정 선진국 10개 그룹 (조사 : IMF)

미국   대한민국   영국
일본   프랑스   이탈리아
독일   캐나다
스페인   오스트레일리아

분류합니다. 우리가 모든 빚을 갚은 데다 2018년 외환보유액이 4천억 달러를 넘어섰기 때문이죠. 1997년 39억 달러에 불과했던 외환보유액이 무려 100배 이상 증가했어요. IMF에 따르면 대한민국은 상위 선진 10개 국가 중 하나입니다. 외환 위기를 겪고 나서 모든 빚을 상환하고, 경제 최상위 그룹으로 인정받은 국가는 우리나라가 유일합니다.

사례탐구 ✎ **IMF 외환 위기를 다룬 영화 〈국가부도의 날〉**

| IMF는 고금리 정책, 금융 긴축 정책 시행과 부실 채권 매각, 국내 자본 시장 개방을 요구했다.

1997년 우리나라는 커다란 경제 위기에 처합니다. 그러자 대한민국 금융 기관과 기업에 자금을 대주던 외국 기업이 외화를 한꺼번에 찾아갔어요. 우리는 외화가 줄어 다른 나라에서 빌린 돈을 제때 갚지 못했습니다. **대기업**이 망하고, 국가 신용 등급은 곤두박질쳤지요. 정부는 위기를 극복하고자 IMF에 구제 금융을 요청했어요. IMF는 돈을 빌려주는 대가로 우리나라 경제 구조에 적극적으로 간섭했어요. 대규모 구조 조정을 비롯한 커다란 변화가 시작되었습니다. IMF 관리 체제 당시 **빈부 격차**가 커지고, 실업률이 높아지고, 비정규직이 일반화되는 등 우리나라 경제 전체가 크게 흔들렸어요. 다행히 2001년 구제 금융 자금을 모두 갚아 외환 위기 사태는 막을 내렸습니다. 영화 속에는 외환 위기 직전 상황과 IMF가 우리 정부에 요구한 내용이 담겨 있어요.

경제협력개발기구(OECD)

우리는 TV에서 OECD 회원국 통계를 상호 비교하는 뉴스를 자주 접합니다. **경제협력개발기구**(OECD, Organization for Economic Co-operation and Development)는 세계 경제 공동 발전을 목적으로 1961년 창설된 국제기구예요. 회원국 간의 경제 정책을 조정하고, 개발도상국을 원조하고, 무역 확대 방안을 마련하지요. 경제뿐 아니라 농업, 환경, 과학, 교육, 에너지 등 여러 사회 분야를 논의해 결의문을 발표합니다.

1996년 우리나라가 OECD 회원국으로 가입할 때 선진국으로 가는 진입문에 들어섰다며 온 언론이 자축했습니다. 현재 대한민국은 캐나다, 핀란드, 호주 등과 함께 OECD 회원국 중에서도 고소득 국가로 분류됩니다.

❙ OECD는 경제 성장, 개발 협력, 무역 확대를 목적으로 한다.

개발원조위원회(DAC)

우리나라는 **개발원조위원회**(DAC, Development Assistance Committee) 회원국입니다. 개발원조위원회는 OECD에 속한 기관으로, 경제적 어려움을 겪는 나라를 돕기 위해 설립되었습니다. 개발원조위원회는 공적 원조 1억 달러 이상 혹은 GNI 대비 0.2% 이상 지원을 목표로 합니다.

대한민국은 한국전쟁 이후 UN의 원조를, 외환 위기 때는 IMF 공적 자금을 지원받은 나라입니다. 그러나 개발원조위원회의 회원이 되며 도움을 '받는 나라'에서 '주는 나라'로 지위가 바뀌었습니다. 이는 세계적으로 유일한 사례이기 때문에 대한민국의 변신은 큰 주목을 받았습니다.

우리나라는 개발원조위원회 회원국으로 활약하며 국제사회에서 위상이 높아졌어요. 쓰나미와 지진 피해 지역 복구는 물론 개발도상국에 과학기술 자립을 지원하고, 미얀마 불교 성지 복구와 같은 문화 유적 복원에까지 나섰습니다. 개발원조위원회 회원국은 도움이 필요한 나라를 원조하기에 선진 공여국으로 불립니다.

전문가 의견

한국은 빈곤으로부터 '위대한 탈출'에 성공한 대표적인 국가다.

— 앵거스 디턴 노벨 경제학상 수상자

30-50 클럽

30-50 클럽이란 1인당 국민소득 30,000달러 이상, 인구 5,000만 명 이상의 조건을 충족하는 국가를 지칭하는 말입니다. 30,000과 5,000의 앞자리 숫자를 따와 30-50 클럽이라 이름 지었죠. 인구는 많지만 1인당 국민소득이 적은 중국과 인도, 1인당 국민소득은 높지만 인구가 적은 룩셈부르크와 싱가포르는 30-50 클럽 나라로 볼 수 없어요. 지금까지 30-50 클럽에는 미국, 영국, 독일, 프랑스, 이탈리아, 일본 6개국뿐이었습니다. 2018년 한국이 1인당 국민소득 3만 불을 달성하여 30-50 클럽에 새롭게 이름을 올렸습니다.

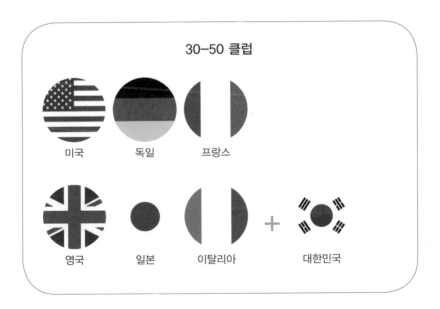

30-50 클럽

미국 독일 프랑스

영국 일본 이탈리아 + 대한민국

집중탐구 **필리핀의 몰락**

물가가 저렴한 관광지로 사랑받는 필리핀. 하지만 과거 필리핀이 우리나라보다 훨씬 부유한 나라였다는 사실을 알고 있나요? 필리핀은 1946년 미국으로부터 독립한 후 1970년대까지 아시아 경제를 이끄는 경제 선도국이었습니다. 필리핀은 금, 구리, 니켈, 크로뮴, 알루미늄 등 광물이 풍부했어요. 기후가 온화해 쌀, 바나나, 사탕수수, 옥수수와 같은 농작물 재배도 활발했지요. 필리핀은 빠르게 성장했어요. 1966년 필리핀은 GDP 63억 달러로 동아시아에서 일본 다음으로 잘사는 나라였지요. 당시 한국의 GDP는 39억 달러로 필리핀의 절반을 넘는 수준에 불과했습니다. 현재 필리핀은 부유한 나라가 아닙니다. 국민 3명 중 1명이 하루에 2달러 미만으로 생활하는 빈곤층이에요. 빈곤율은 세계 최고 수준이지만, 부자 가문의 재산은 꾸준히 증가합니다. 심각한 빈부 격차가 필리핀 발전의 가장 큰 걸림돌이며, 이는 대부분의 나라에서 사라진 지주-소작농 제도 때문입니다. 필리핀 국토의 90%는 상위 7%의 부유층 소유이며, 지주들은 정경유착을 통해 국가 정책에 개입하며 재산을 불려 나갔어요. 시민 단체와 은행까지 소유한 지주 계급은 온갖 방법을 동원해 정치권력을 장악했습니다. 여러 번의 **정권 교체**가 있었지만 국민들이 직접 토지를 소유하는 토지 개혁은 실패했습니다. 필리핀 지주 계급은 농업 이득을 제조업 분야에 투자하지 않고 토지를 매입하며 부를 축적해 나갔습니다. 한국이 토지 개혁을 통해 농업 생산력을 높인 것과 대조적입니다. 토지 개혁은 필리핀 빈부 격차 해결에 가장 시급한 과제입니다.

파리 클럽

파리 클럽(Paris Club)은 국제 채권 문제 해결을 위해 설립된 협의체입니다. OECD 주요 22개국이 모여 공적 채무를 조정하지요. 주로 대출금 상환이 어려운 나라를 돕기 위한 대책을 논의합니다. 따라서 다른 나라에 돈을 빌려줄 경제적 여유가 있는 선진국만 회원이 될 수 있어요. 2016년 우리나라는 21번째로 파리 클럽 정회원국이 되었습니다. 이로써 대한민국은 국제사회에서 **선진 채권국** 반열에 올라섰어요.

파리 클럽 참여국 현황	
정식 회원국(22개)	호주, 오스트리아, 벨기에, 캐나다, 덴마크, 핀란드, 프랑스, 독일, 아일랜드, 이탈리아, 일본, 네덜란드, 노르웨이, 스페인, 스웨덴, 스위스, 영국, 미국, 러시아, 이스라엘, 한국, 브라질
특별 참여국(11개)	남아공, 터키, 멕시코, 아르헨티나, 아부다비, 쿠웨이트, 모로코, 뉴질랜드, 포르투갈, 트리니다드 토바고, 중국 인민 은행

❚ 파리 클럽 참여국

간추려 보기

- 대한민국은 2018년 1인당 국민소득 3만 달러를 돌파했다.
- IMF는 우리나라를 경제 선진국으로 분류한다. 대한민국은 외환 위기 때 IMF에 진 빚을 조기 상환했으며, 현재 외환보유액은 1997년 외환 위기 당시와 비교해 100배 이상 증가했다.
- 대한민국은 저개발 국가를 원조하는 개발원조위원회 회원이다. 대한민국은 원조를 '받는 나라'에서 '주는 나라'로 바뀐 유일한 나라다.
- 필리핀은 토지 개혁 실패로 극심한 빈부 격차에 시달리고 있다.

2장 선진국의 이면

1장 에서 살펴본 경제 지표를 통해 대한민국의 대외적 지위를 확인할 수 있었습니다. GDP 세계 12위, 개발원조위원회 회원, 30-50 클럽과 파리 클럽 멤버. 그럼에도 적지 않은 한국인은 대한민국이 아직 따라잡아야 할 나라가 많다고 여기죠. 과연 우리는 어느 나라보다 앞서야 할까요? 우리가 선진국으로 여기는 나라는 어떤 모습일까요? 소위 선진국으로 불리는 나라들을 낱낱이 살펴봅시다.

미국, 아메리칸드림과 노숙자 천국

미국은 세계를 이끄는 대표적인 국가입니다. 발전된 경제, 풍부한 자원과 아메리칸드림의 나라예요. 하지만 **할리우드** 영화 속 달콤하고 통쾌한 내용은 미국의 현실과 조금 다릅니다. 사실 미국은 부자뿐 아니라 노숙자도 많은 나라입니다. **양극화**가 심한 사회이지요.

양극화는 서로 반대되는 계층이나 집단이 점점 더 달라지고 멀어지는 현상입니다. 경제적으로는 중산층이 사라지고 사회 계층이 양극단으로 몰려 빈부 격차가 심해진 상태를 말해요. 미국은 상위 1%의 부자가 국가 전체 자산의 40%를 소유합니다. 더 큰 문제는 부의 집중도가 나날이 높아진다는 점

▌ 버려진 아파트 건물 밖에 진을 치고 있는 미국의 노숙자들

입니다. 양극화는 전 인류사에서 한 번도 해결된 적 없는 난제입니다. 어떠한 나라, 어떠한 체제에서도 말이에요. 소득 양극화 해결을 대의명분으로 제시한 공산주의도 마찬가지였어요. 중국 역시 최근 도농 간 빈부 격차 때문에 골머리를 앓고 있습니다. 빈부 격차는 우리나라에서도 가장 먼저 해결해야 할 사회 문제로 꼽힙니다. 우리나라는 상위 10% 사람이 48%의 부를 소유하고 있어요. 미국만큼 양극화가 심한 상태는 아니지요. 하지만 우리나라 역시 빈부 격차 해소가 국가의 주요 목표가 되어야 함은 분명합니다.

미국에서는 빈곤 아동 문제도 심각한 수준입니다. 미국은 칠레, 이스라엘, 스페인, 터키와 함께 아동 빈곤율이 20%를 넘어 7%인 대한민국에 비해 3배나 높습니다. 분명 미국은 세계 초강대국이자 부유한 나라입니다. 하지만 아동 빈곤과 빈부 격차가 극심한 미국이 우리가 꿈꾸던 선진국의 모습일까요?

알아 두기

지니계수

지니계수는 소득이 얼마나 균등하게 분배되는지 보여 주는 지표입니다. 경제 불평등을 드러내는 대표적인 자료죠. 전 국민의 소득이 똑같으면 지니계수는 0 입니다. 한편 한 사람을 제외한 모든 사람의 소득이 0일 때 지니계수는 1입니다. 모든 국가는 극단적 균등과 극단적 불균등 사이에 있으므로 지니계수는 0과 1 사이의 값으로 나타나지요.

일반적으로 부유하고 복지 제도가 잘 정착된 국가는 지니계수가 낮아요. 소득 분배가 비교적 평등하게 이루어진 나라입니다. 그러나 미국은 부유한 나라인데 도 지니계수가 높아요. 그 이유는 바로 복지 제도가 미흡하고, 소득 분배가 불평등하여 슈퍼리치에게 부가 나날이 집중되고 있기 때문입니다.

슈퍼리치

전 세계 성인 1명이 소유한 평균 자산은 5만 6,540달러(약 6,700만 원)입니다. 슈퍼리치란 평균보다 훨씬 많은 자산인 100만 달러(약 12억)를 보유한 부자를 말합니다. 슈퍼리치는 전체 인구의 0.7% 정도지만, 전 세계 자산의 절반에 가까운 45.9%를 소유합니다. 미국 슈퍼리치는 약 1,530만 명으로 세계에서 가장 많은 슈퍼리치가 미국에 삽니다.

부자가 점점 더 부자가 되는 현상이 점점 심해집니다. 2017년 상위 1% 부자들이 전 세계 부의 50%를 차지했어요. 특히 보유 자산 5,000만 달러(약 590억 원) 이상 인 초고액 자산가 수는 2000년 이후 5배나 증가했습니다.

영화 〈식코〉에 드러난 미국 의료 제도

미국은 우리나라와 달리 **의료 민영화** 시행 국가입니다. 의료 민영화란 국가가 담당하는 의료 제도를 민간 기업에 위탁하는 정책입니다. 기업의 목적은 영리 추구이기 때문에 환자의 안전보다 기업의 이윤을 먼저 생각합니다. 다큐멘터리 영화 〈식코〉에서 미국 의료 민영화의 현실이 잘 드러납니다. 영화 속 내용은 충격적입니다. 사고로 두 손가락이 잘린 사람이 병원에 찾아갑니다. 손가락 하나를 수술하는 데 약 7,000만 원이 필요했어요. 병원비가 부족한 환자는 결혼반지를 낄 네 번째 손가락만 이어붙여요. 나머지 손가락은 결국 버리고 맙니다. 또 다른 이는 다리 피부가 찢어졌지만 의료 보험이 없어 집에서 스스로 살을 꿰맵니다. 암 치료를 받지 못해 세상을 떠나는 사람까지 등장하지요. 영화 〈식코〉는 돈이 없으면 병원에서 제대로 치료조차 받지 못하는 미국의 무서운 의료 현실을 고발합니다.

전문가 의견

미국 최상위 1%가 매해 국가 소득의 25%를 긁어모으고, 이들은 국부의 40%를 차지한다. 25년 전만 해도 이 수치는 불과 12%와 33%에 지나지 않았다. 지난 10년간 이들의 소득이 18% 상승하는 동안 중산층의 소득은 도리어 감소했다.

– 조지프 스티글리츠 세계은행 전 부총재

스웨덴에서 쫓겨난 난민 8만 명

스웨덴은 대표적인 복지 선진국입니다. 우리 정부와 각종 단체는 스웨덴 복지를 연구해 사회를 개선하고자 노력합니다. 장애인 복지, 여성 사회 활동, 저출산 문제 등 여러 사회 문제의 해결법을 찾고자 스웨덴식 복지 제도를 참고하지요. 총인구 1,000만 명에 불과한 스웨덴은 인구 수에 비해 많은 **난민**을 수용하는 나라입니다. 스웨덴은 2012년 이후 무려 40만 명의 난민을 받아들였어요. 하지만 2016년 난민 보호소 직원이 10대 난민 소년의 흉기에 살해된 뒤 상황이 변했습니다. 스웨덴은 이 사건 후 8만 명의 난민을 추방하고, 난민 심사를 강화했습니다. 돌아갈 곳 없이 스웨덴에서 쫓겨난 난민들은 지옥으로 돌아가야 한다며 저항했습니다.

스웨덴 극우 정당은 난민 때문에 범죄율이 상승하고, 재정이 악화되어 국민 복지 수준이 떨어진다고 주장했어요. 난민 혐오 분위기가 점점 달아올라 선거에서 난민을 반대하는 정당이 높은 지지를 얻었습니다. 복지 천국으로 불리는 스웨덴이 난민에 대한 태도를 바꾸자 핀란드와 독일도 난민 추방을 선언하는 등 다른 나라까지 여파가 번졌습니다. 난민이 사회 문제가 될 수 있지만, 8만 명의 갈 곳 없는 난민을 내쫓은 행동은 **인권**을 중시하는 선진국의 모습이라고 보긴 어렵습니다.

우리나라는 제주에 도착한 예멘 난민으로 사회 갈등을 겪었습니다. 난민 협약 및 인권 조약에 서명한 선진국답게 난민을 받아들이자는 입장과 우리나라의 경제 수준이 난민을 받아들이기에 아직 이르다는 입장이 대립했어요. 우리나라 안에서도 난민을 둘러싼 갈등은 여전히 진행 중입니다.

영국 훌리건을 만든 빈부 격차

영국은 과격한 축구장 응원 문화로 유명합니다. 축구장에서 난동을 부리는 극성팬 훌리건(hooligan)은 단순히 불쾌하고 시끄럽게 응원하는 무리가 아닙니다. 도시를 파괴하거나 집단 난투극을 벌여 수십 명이 사망하는 사고를 일으키기도 하죠.

1960년대 초 영국 정부가 사회 복지 제도를 축소하자 빈부 격차가 심해졌어요. 직장을 잃은 실업자와 빈민층은 달리 갈 곳이 없어 축구장으로 몰려갔습니다. 훌리건은 도시에 있는 상점을 파괴하고 차에 불을 질렀어요. 사회적으로 소외당하는 울분을 폭력으로 표출한 셈이죠. 훌리건의 난동은 점점 격렬해져 통제할 수 없는 폭동 수준으로 이어졌습니다. 영국 훌리건과 이탈리아 팬들이 충돌해 경기장 콘크리트 벽이 무너졌어요. 450명이 다치고 39명이

▌ 훌리건이 등장한 배경에는 사회 복지 축소, 빈부 격차 문제가 있다.

사망한 대참사였지요. 거리를 점령하고 경찰과 대치하는 대규모 폭력 사태도 일어났습니다. 한때 대영 제국으로 불렸던 나라의 이면에는 심각한 빈부 격차가 존재합니다. 홀리건은 이를 단적으로 보여 주지요.

집중탐구 덴마크는 성평등 선진국?

2017년 유럽 내 국가의 **성평등** 지수 조사에서 덴마크는 스웨덴에 이어 2위를 차지했습니다. 그러나 높은 수준의 성평등을 이루었다고 알려진 덴마크의 성폭력 대응 수준에 문제가 많다고 드러났어요. 국제 인권 단체 '앰네스티(AI, Amnesty International)'는 '우리에게 존중과 정의를 달라!'라는 제목의 보고서를 발표해 덴마크 성범죄 실태를 고발했습니다. 미비한 제도와 성범죄 경시 문화를 가장 큰 문제점으로 꼬집었지요. 덴마크는 유럽에서 성범죄 발생률이 가장 높지만, 많은 성폭행 사건이 신고조차 되지 않으며, 피해자가 신고해도 기소까지 가는 경우가 드뭅니다. 덴마크 정부 공식 집계에 따르면 성범죄 피해자 수는 연간 5,100여 명입니다. 그 가운데 불과 890건이 신고됐고, 단 94건만 유죄 선고가 내려졌어요. 성범죄를 수사하는 경찰이나 변호사가 피해자에게 2차 가해를 하는 일도 종종 일어납니다. 성범죄 피해자를 비난하는 그릇된 인식 때문이지요. 덴마크는 성평등이 이미 실현됐다는 인식이 널리 퍼져있어 오히려 성폭력에 관한 이야기가 공론화되기 더 어려운 상황입니다. 앰네스티는 "덴마크에서는 성폭력이 처벌되지 않는 사례가 충격적일 정도로 많고, 관련 법은 국제 기준에 맞지 않는 구식"이라며 "오래된 법을 비롯해 피해자를 비난하는 잘못된 문화를 고쳐야 한다."라고 밝혔습니다.

뒤떨어진 일본의 여성 인권

2017년 한 할리우드 관계자는 자신이 겪은 성범죄를 대중에 공개했습니다. 유명한 배우들도 이에 동참하며 그동안 지속된 성폭력을 고발했습니다. 이를 '미투(Me too) 운동'이라고 부릅니다. 우리나라에서도 수많은 폭로가 이어졌습니다. 그러나 일본은 미투 운동에 소극적입니다. 언론인 이토 사오리 씨는 성폭력 피해 사실을 방송에서 폭로한 뒤 비난과 협박에 시달리다 못해 영국으로 떠났습니다. 왜 일본에서는 미투 운동이 지지받기는커녕 공격을 받을까요? 그 이유는 일본 사회에서 여성 지위가 매우 낮기 때문입니다.

유엔에서 조사한 국가별 성 불평등 지수(GII, Gender Inequality Index)에 따르면 우리나라는 10위, 일본은 22위를 기록했어요. GII는 여성 경제 활동 참가율,

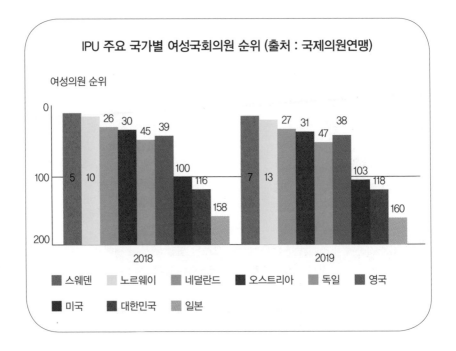

청소년 출산 비율, 고등 교육 비율, 여성 국회 의원 비율 등을 통해 여성의 사회적 위치를 측정한 지수입니다. 특히 일본은 여성 정치 참여가 매우 저조한 나라입니다. 대한민국 국회 의원 300명 중 여성 의원은 51명으로 17%를 차지합니다. 이는 198개국 가운데 118위로 낮은 순위지요. 하지만 일본 여성 의원 비율은 10%로 160위에 불과합니다. 심지어 일본 여성 국회 의원은 유권자와 동료 남성 의원에게 성희롱을 당하기도 합니다. 자민당의 노다 세이코 의원은 선거 운동 중 "속옷을 보여 주면 한 표 준다."라는 말과, "치마를 입으면 총리가 될 수 있다."라는 발언을 듣고 치욕을 느꼈다고 고백했습니다.

아무리 경제적으로 발전했어도 한쪽 성별의 지위가 지나치게 낮다면 균형 있게 발전한 나라가 아닙니다. 인구의 절반인 여성이 단지 성별 때문에 부당한 대우를 받는 나라가 모범적인 선진국일까요?

집중탐구 기후 협약과 선진국

호주가 46도 이상의 폭염으로 산불에 시달리는 동안 지구 반대편 미국은 영하 40도의 살인적 한파로 비상사태를 선포했습니다. 세계는 나날이 늘어 가는 이산화탄소 때문에 이상 기온에 시달립니다. 농작물이 마르고 해양 생물이 떼죽음을 당하는 등 **지구온난화**는 생태계를 위협합니다.

지구온난화를 막기 위한 구체적인 실천 방안으로 **교토 의정서**가 체결되었습니다. 선진국이 모여 자발적으로 이산화탄소 감축량을 정하였죠. 그러나 2001년 당시 세계 최대 탄소 배출국인 미국이 교토 의정서를 탈퇴하여 파문이 일었습니다. 미국은 자국 산업이 지나친 손해를 입는다며 이산화탄소 감축을 거부했습니다. 뒤이어 주요 탄소 배출국인 러시아, 일본, 캐나다까지 탈퇴하자 교토 의정서는 힘을 잃었습니다. 교토 의정서 종료 후 2021년부터 시행되는 기후 변화 협약인 **파리 협약** (Paris Agreement)에서도 미국은 탈퇴했습니다. **트럼프** 대통령은 비싼 친환경 에너지보다 저렴한 화석 연료를 활용하겠다고 선언했어요. 국내외에서 트럼프 대통령의 결정을 비판했지만, 이 결정을 저지할 법적 제도는 없습니다. 지구를 살리긴커녕 경제 이익만 챙기는 미국의 이기적인 태도는 실망스럽습니다. 미국의 파리 협약 탈퇴가 다른 국가에 부정적인 영향을 끼치지 않기만을 기대합니다.

- 미국은 아메리칸드림의 나라로 불리지만 빈부 격차가 극심한 나라다. 상위 1%의 부자가 전체 자산의 40%를 소유하고, 집 없는 노숙자도 많다.
- 미국은 의료 민영화 시행 국가다. 의료비가 지나치게 비싸 제대로 치료받지 못하는 사람이 많다.
- 스웨덴은 난민 문제로 몸살을 앓고 있으며 8만 명의 난민을 추방했다.
- 일본은 여권이 매우 낮으며 여성 정치인은 성희롱에 시달린다.
- 선진국의 잇따른 탈퇴로 교토 의정서는 힘을 잃었다. 미국은 새로운 기후 협약인 파리 협약에서도 탈퇴를 선언했다.

3장 대한민국의 현주소

우리나라는

UN과 IMF 등 국제기구로부터 상당한 지위를 인정받았습니다. 그러나 밖에서 보는 대한민국과 달리 정작 한국인들은 스스로 부족한 면이 많다며 선진국이란 단어에 손사래를 칩니다. 대한민국이 선진국이라는 말속에 정치적 의도가 들어 있다고 의심하는 사람도 있지요. 역사상 유례를 찾을 수 없는 대한민국의 빠른 경제 발전 속도는 누구나 인정합니다. 그러나 국가 주도로 성장한 신흥국의 모습이 선진국 진입의 충분조건은 아닙니다. 세계 주요국이 비단 경제 분야뿐 아니라 정치, 사회, 문화, 복지와 같은 다양한 분야에서 두각을 나타내는 만큼 우리나라도 충분히 성숙했는지 알아봅시다.

촛불 집회와 평화로운 정권 교체

대한민국 민주주의 지수는 세계 20위로 아시아 최고이며, 미국보다 순위가 높습니다. 군사 독재 시기를 거친 대한민국 정치 문화는 경제에 비해 상대적으로 뒤처진 분야였어요. 그러나 2016년 **촛불 집회**는 대한민국 정치 위상을 바꿨습니다. 정권 교체를 위해 수백만 명이 광화문 광장에서 촛불을 들었습니다. 20여 차례에 걸친 집회가 폭력 시위로 번질까 우려가 높았습니다. 그

▌ 광화문 촛불 집회

러나 어른은 아이와 함께 촛불을 밝히고 평화로운 집회를 열었습니다. 경찰
차를 파괴하는 대신 경찰차에 쪽지를 붙이고 함께 노래를 불렀습니다. 집회
를 마친 시민들은 쓰레기를 정리하고 서로를 격려했습니다.

국회는 국민의 뜻을 반영하여 대통령 탄핵안에 찬성표를 던졌고, 대통령
은 자리에서 물러났습니다. 과거 최루탄과 화염병으로 얼룩진 대한민국 시위
의 역사가 새로 쓰였습니다. 성숙한 집회 문화에 우리는 물론 전 세계가 놀
랐습니다. 무력 충돌 없이 이뤄진 평화로운 정권 교체에 세계 언론은 대한민
국 민주주의가 완전히 자리 잡았다고 인정했습니다.

사례탐구 민주주의 전통: 청와대 청원과 만인소

▌ 만인소는 오늘날 청와대 국민청원과 같은 역할을 했다.

청와대 **국민청원**은 "국민이 물으면 정부가 답한다."라는 취지로 시작되었습니다. 대한민국은 국민청원이 매우 활발한 국가입니다. 2018년 기준으로 누적된 글만 35만 건 이상이며 소년법 개정, 조두순 출소 반대, 가상화폐 규제 반대 등 다양한 주제의 청원이 매일 올라옵니다. 국민청원은 단순한 요청에 그치지 않고 국회를 통과하여 법으로 제정될 수 있어요. 강서구 피시방 살인 사건 피의자 엄벌을 촉구하는 청원은 사상 최초로 100만 명을 돌파했습니다. 이 청원은 심신 미약 감형 의무를 없애는 '김성수법'으로 국회에서 채택되었습니다. 음주운전으로 사망한 윤창호 씨 사건에서 출발한 청원은 음주운전 처벌을 강화한 '윤창호법'으로 제정되었습니다. 그런데 국민이 힘을 모아 청원하는 문화가 우리의 오랜 전통임을 알고 있나요?

조선시대 관직에 오르지 못한 선비가 정치에 의견을 낼 수 있는 유일한 통로는 상소문이었습니다. 이는 오늘날 청와대 청원과 같은 역할을 했지요. 국민의 목소리를 직접 듣고 정부 정책에 반영하는 일입니다. 조선시대 만 명의 선비들이 '만 사람의 뜻은 천하의 뜻'이라는 마음으로 만인소라는 상소문을 왕에게 올렸습니다. 조선은 절대 권력을 가진 왕이 통치했기에, 죽음을 각오하지 않으면 감히 국가 권력의 잘못을 지적할 수 없었습니다. 만인소는 1792년부터 19세기 말까지 7차례에 걸쳐 작성되었습니다. 1885년 억울하게 죽은 사도 세자를 왕으로 추대해 달라는 만인소는 1만 94명이 상소하여, 길이 96.5m 무게 16.6kg에 달합니다. 또한 1884년 8,800여 명이 올린 유생 복제 개혁 반대 만인소는 유교 이념에 어긋나는 정부 정책을 신랄하게 비판했습니다. 현존하는 만인소는 자발적인 공론 정치의 산물로서 유네스코 아시아·태평양 유산에 등재되었습니다.

세계 최고 혁신 국가

세계적인 영향력을 가진 미국 경제지 블룸버그는 매년 혁신 국가 지수를 발표합니다. 대한민국은 2014년 이후 6년 연속 1위를 지키고 있습니다. 혁신 지수는 GDP 대비 R&D(연구·개발) 지출, 제조업 부가 가치, 생산성, 첨단 기술 집중도, 교육 효율성, 연구원 집중도, 특허 활동까지 7가지 지표를 기반으로 순위를 산정합니다. 혁신 지수는 현재 경제 지수보다 미래 발전 가능성에 주목합니다. 대한민국은 앞으로 뻗어 갈 잠재력이 높은 셈이지요.

블룸버그는 한국이 전 분야에서 상위권이며 특히 연구원 집중도와 첨단 기술 측면에서 강점을 보였다고 밝혔습니다. 한국에 이어 독일, 핀란드, 스위스, 이스라엘, 싱가포르, 스웨덴, 미국, 일본, 프랑스가 2019 혁신 지수 10대 국가에 포함되었습니다. 한편 중국은 지난해 19위에서 3계단 상승한 16위에 그쳤습니다.

블룸버그 혁신 지수 (출처 : 블룸버그)

순위	국가명	종합 점수(점)
1	대한민국	87.38
2	독일	87.30
3	핀란드	85.57
4	스위스	85.49
5	이스라엘	84.78
6	싱가포르	84.49
7	스웨덴	84.15
8	미국	83.21
9	일본	81.96
10	프랑스	81.67

한국인의 국제 위상을 나타내는 여권 지수

영국 컨설팅 그룹 헨리 앤 파트너스는 해마다 여권(Passport) 지수를 발표합니다. 이는 세계 각국에 비자 없이 여권만으로 입국 가능한 나라를 조사한 결과입니다. 대한민국 국민은 189개국에 무비자로 방문할 수 있어요. 2019년 우리나라는 싱가포르, 일본과 함께 1위를 차지했습니다. 한국인에게 외국이 쉽게 입국을 허락하는 이유는 대한민국의 국가 신용도와 외교 관계가 좋기

┃ 헨리 앤 파트너스는 비자 없이 방문할 수 있는 국가 수에 따라 여권의 힘을 순위로 산정한다.
대한민국 여권은 세계에서 가장 '파워' 있는 여권이다.

때문입니다. 189개 나라가 한국인이 테러를 저지르거나 밀입국할 위험이 적다고 인정한 것이지요. 우리는 웬만한 나라를 자유롭게 여행할 수 있어요. 프랑스와 독일은 188개국으로 3위, 덴마크, 핀란드, 이탈리아, 스웨덴이 4위를 기록했습니다. 반면 아프가니스탄, 이라크, 파키스탄, 소말리아 등 여권 지수 하위권 국가는 약 30개국만 비자 없이 입국할 수 있습니다. 여권 지수가 낮은 나라에 살면 다른 나라를 방문하기 위해 복잡한 절차가 따릅니다.

세계 청소년 문화가 된 K-pop

K-pop은 아시아를 넘어 유럽과 남미까지 인기를 휩쓸었습니다. K-pop을 선도하는 대표적인 그룹 BTS는 현재 세계적으로 인정받고 있어요. 미국

▋ BTS는 1년 사이 빌보드 앨범 차트에 이름을 세 번이나 올린 아시아 최초의 그룹이다. 한국의 문화적 가치가 널리 인정받고 있다.

타임지 선정 '2019년 세계에서 가장 영향력 있는 100인'에 이름을 올리고, 영국 BBC에게 '21세기 비틀스'라며 칭송받았습니다. BTS는 2018년 유엔 총회 무대에 올라 연설까지 했지요. 단순히 BTS가 인기 있는 아이돌이라 유엔에 초청받은 것일까요?

BTS는 2017년부터 **유니세프**(UNICEF, United Nations International Children's Emergency Fund) 아동·청소년 폭력 근절 캠페인에 동참해 왔습니다. 그러던 중 〈Love Yourself〉 앨범이 빌보드 차트 정상을 차지했어요. '자기 자신에 대한 사랑이 다른 사람과 세상을 진심으로 사랑할 수 있는 원천'이라는 메시지를 전 세계 팬들에게 전달하였어요. 이후 유엔은 본격적으로 BTS의 메시지를 유니세프와 결합한 프로그램을 추진했어요. BTS가 전하는 메시지와 유엔이

지향하는 가치가 같기 때문이지요. 국제기구와 정부, 기업, 시민 사회단체는 '유엔 청년 2030' 프로그램을 통해 글로벌 청소년에게 적절한 교육과 훈련, 일자리를 지원하고 있습니다.

BTS는 2018년 한 해 16억 원의 금액을 유니세프 캠페인에 기부했어요. 이 금액에는 음반 판매 순익 일부와 캠페인 공식 굿즈 판매 순익 전액, 전 세계 팬의 후원금이 포함되어있습니다. K-pop은 단순히 음악을 넘어 세계 청소년에게 선한 영향을 끼치는 문화로 나아가고 있습니다.

스포츠 강국 코리아

하계올림픽, 동계올림픽, 월드컵과 세계육상선수권대회는 세계 4대 메이저 스포츠 대회입니다. 전 세계에서 4대 메이저 국제 스포츠 대회를 모두 개

▎ 2018년 평창 동계올림픽이 개최되었다.

최한 나라는 이탈리아, 독일, 일본, 프랑스와 대한민국, 단 5개국뿐입니다. 우리는 1988년 서울 올림픽, 2002년 한일 월드컵, 2011년 대구 세계육상선수권대회에 이어 2018년 평창 동계올림픽까지 성공적으로 개최했습니다.

지금까지 우리나라는 다양한 스포츠 대회에서 우수한 성적을 올렸어요. 대한민국은 9회 연속 월드컵 본선에 진출했으며, 런던 올림픽에서는 메달 순위 종합 5위, 리우데자네이루 올림픽에서는 8위, 토리노와 밴쿠버 동계올림픽에서도 각각 7위와 5위라는 좋은 성적을 달성했어요. 다양한 종목에서 꾸준히 좋은 결과를 얻었기에 메이저 스포츠 대회 유치에 도움이 되었습니다.

우리나라 선수가 활약하는 분야가 넓어져 일부 종목만 육성한다는 비판도 줄어드는 추세입니다. 스켈레톤과 봅슬레이 등 다양한 종목에서 메달을 획득하고, 세계 여자 골프에서는 한국 선수들이 상위권을 휩쓸었습니다. 유럽 축구 리그와 미국 프로야구 메이저 리그에서도 한국 출신 선수가 꾸준히 활약하고 있지요.

한류 중심을 차지한 게임

우리나라 문화와 상품이 전 세계에서 인기를 끄는 현상을 **한류**라고 부릅니다. 한류의 가장 큰 중심은 한국 게임입니다. 한국에서 만든 게임이 전 세계에서 인기를 끌고 있어요. 2017년 우리나라 게임 수출액은 5조 4천억 원으로 화장품 수출액을 넘어섰어요. 한국 게임 **수출**은 사드 문제로 한국 문화 금지령을 내렸던 중국을 넘어 유럽과 북미 지역까지 나아갔습니다.

2018년 **구글 플레이 스토어**는 **검은 사막**을 올해 최고의 모바일 게임으로 선정했습니다. 한편 구글 플레이 사용자가 투표로 뽑은 인기 게임은 **배틀 그**

라운드였습니다. 두 게임 모두 순수 한국 제작 게임입니다. 배틀 그라운드 모바일 게임 이용자 수는 2억 명을 돌파했습니다. 이는 PC와 콘솔을 제외하고 스마트폰 유저만 집계한 결과라 더욱 의미 있습니다. 또한 중국 유저를 측정하지 않은 수치로, 중국 유저까지 포함한다면 더 높은 유저 수를 기록할 것으로 예상됩니다. 수억 명을 아우르는 한국 게임 산업은 한류를 이끄는 커다란 동력입니다.

사례탐구 한국이 지은 세계 최고(最高) 빌딩, 부르즈 할리파

▌ 부르즈 할리파

한국은 건설 분야에서도 우수한 역량을 선보입니다. 현재 인류가 세운 가장 높은 건축물은 두바이에 있는 '부르즈 할리파'입니다. 162층, 829m로 63빌딩보다 3배 이상 높은 부르즈 할리파는 거대한 규모 덕분에 여러 가지 세계 기록을 남겼어요. 세계에서 가장 높은 건물이자, 가장 빠른 엘리베이터, 단일 건물 최대 공사 인력 등 각종 신기록이 쏟아졌지요. 부르즈 할리파는 국내 기업이 건설에 참여했습니다. 건설 초반에는 여러 국제 기업이 함께 시공했지만, 500m 이상 고층부터는 우리 기업이 단독으로 작업했어요. 고층 높이를 우리나라 기업이 독점

한 이유는 다름 아닌 '층당 3일'이라는 빠른 공정 때문이었습니다. 정해진 공사 기간을 지키며 건설을 끝내기 위해 신속한 작업이 필요했습니다. 다행히 3일마다 한 층이 완성된 부르즈 할리파는 처음 계획대로 5년 만에 완공되었습니다. 이외에도 여러 유명한 건물이 대한민국의 기술로 지어졌이요. 건물 꼭대기에 배 모양의 건축물이 있는 싱가포르의 상징 '마리나 베이 샌즈'와 한때 세계에서 가장 높은 빌딩이었던 말레이시아의 '페트로나스 트윈 타워'도 한국 기업이 세웠지요. 대한민국 건축 기술의 우수성은 해외에서 널리 인정받았습니다.

간추려 보기

- 대한민국 민주주의 지수는 세계 20위다. 촛불 집회를 통한 평화로운 정권 교체는 민주주의 시스템의 성공으로 인정받는다.
- 대한민국은 6년 연속 블룸버그 선정 세계 최고 혁신 국가를 기록했다.
- K-pop과 한국 게임의 인기는 세계에서 하나의 문화로 자리 잡았다.

4장 여전한 문제점

2018년 대한민국 외환보유액이 4천억 달러를 넘어 사상 최대 금액을 기록했어요. 그만큼 우리 경제가 안정권에 들어섰다고 말할 수 있지요. 우리나라 문화가 세계에 미치는 영향력도 전과 비교할 수 없을 만큼 커졌습니다. 그런데도 여전히 대한민국을 불안하게 하는 요소가 존재합니다. 성장 위주 경제 정책과 군사 정권을 거친 부작용은 아직까지 사회 문제로 남아 있습니다. 지나치게 빠른 국가 발전 속도는 우리나라를 발전시킨 원동력이자 위태롭게 하는 장애가 되기도 합니다.

재벌 중심주의

재벌이라는 단어를 영어 사전에서 찾으면 한국어 발음대로 'chaebol'이라고 등장합니다. 재벌이 한국에만 있는 특수한 기업 형태이기 때문이죠. 삼성, 현대, SK, LG, 롯데 같은 대기업이 재벌의 대표 주자입니다.

다른 나라에도 대형 기업이 존재하는데 왜 한국 대기업만 재벌이라고 부를까요? 대한민국 재벌은 사업 분야가 매우 넓습니다. 한 회사가 과자, 양말, 냉장고, 자동차, 방송까지 문어발식으로 사업을 벌여요. 해외 대기업이 패션이나 자동차 혹은 전자 제품 등 특정한 한 분야에 집중하는 모습과 대

조적입니다. 재벌은 단순한 기업체가 아닙니다. 사회 곳곳에 파급력을 미치며 정치적 영향력까지 행사하지요.

　대한민국은 일제강점기 해방과 한국전쟁을 거치며 국가 주도하에 대기업 위주 성장 정책을 펼쳤습니다. 덕분에 세계에서 가장 빠른 경제 성장과 산업화를 이루었습니다. 보다 빠른 경제 회복을 위해 국가는 기업에 편의를 제공했어요. 예를 들어 정부는 노동자 권리와 복지보다 기업의 이윤 추구 활동에 초점을 맞췄습니다. 재벌의 경제 활동이 우리나라에 큰 힘이 된 것은 사실입니다. 하지만 거대해진 재벌 기업으로 인한 부작용이 우리 사회 전체에 악영향을 미치고 있지요. 기업 담합, 독과점, **로비**와 **부정부패** 그리고 이를 관행처럼 당연시하는 문화 등 우리나라의 고질적 문제는 재벌과 떼려야 뗄 수 없습니다.

인구 절벽과 노령화

인구 절벽은 대한민국 발전의 큰 걸림돌입니다. 우리나라는 출생률이 급격하게 감소하고, 평균 수명이 길어져 노인 인구가 빠르게 증가하는 고령화 사회에 진입했어요. 2018년 우리나라 출산율은 0.98명을 기록했어요. 출산율이란 여성 한 명이 평생 낳을 것으로 예상되는 평균 자녀 수를 말하지요. 출산율 1명 이하 기록은 일부 도시 국가나 전쟁 중인 나라를 제외한 국가에서 처음 발생한 일입니다. 외환 위기 때도 65만 명을 넘은 신생아가 현재는 30만 명 초반으로 떨어졌어요.

게다가 2017년부터 65세 이상 고령 인구가 0~14세 유소년 인구보다 많아졌습니다. 생산 활동이 가능한 인구는 줄고, 부양이 필요한 노인이 급격히 늘어나지요. 불안한 노후 문제는 '**소비 절벽**'으로 이어질 수 있어요. 사회에서 번 돈을 쓰지 않고 노후 대비로 모아 두면 경기가 침체하여 불황으로 이어질 가능성이 높아요. 정부와 사회 기관은 출산율을 늘리기 위해 안간힘을 쓰지만 큰 효과가 없습니다. 인구 문제가 해결되지 않는다면 선진국을 거론하기 이전에 나라 자체가 사라질 수 있습니다.

전문가 의견

지금 추세대로라면 대한민국은 지구상에서 저출산으로 사라지는 첫 번째 나라가 될 것이다.

— 데이비드 콜먼 옥스퍼드 대학교 인구학 교수

유리천장 지수 OECD 최하위

2019년 세계 여성의 날을 맞아 발표된 **유리천장** 지수에서 우리나라는 OECD 국가 중 7년째 꼴찌를 차지했습니다. 유리천장은 '눈에 보이지 않지만, 결코 깨뜨릴 수 없는 장벽'이라는 경제 용어입니다. 충분한 능력을 갖춘 여성이 일정 직위 이상 오르지 못하도록 가로막는 벽을 뜻합니다.

유리천장 지수는 여성의 노동 환경을 종합적으로 평가한 점수입니다. 교육, 경제 활동 참여, 임금, 관리직 진출, 임원 승진, 의회 진출, 유급 육아 휴가 등을 기반으로 하지요.

우리나라는 100점 만점에 20점을 겨우 넘어 OECD 회원국 평균인 60점에 한참 못 미칩니다. 한국은 성차별 항목 10개 가운데 3개 부문에서 최하위를 기록했어요. 여성 관리자 비율 12.5%, 여성 기업 이사의 비율 2.3%에 그쳤고, 여성 임금이 남성 임금보다 34.6%나 적어 꼴찌를 차지했지요.

노동 참여 인구의 남녀 비율 차이 역시 20.3%로 29개 나라 중 28위를 기록했어요. 상장 기업 이사 중 98%가 남성이라는 극단적인 수치까지 나왔습니다. 대한민국의 성평등 지수는 국제사회에서 부정적인 판정을 받았습니다.

전문가 의견

한국은 성별 임금 격차가 터무니없이 크고, 경제 활동 참여자 비율도 남성이 79%인데 비해 여성은 고작 59%에 불과하다.

― 이코노미스트 영국 경제지

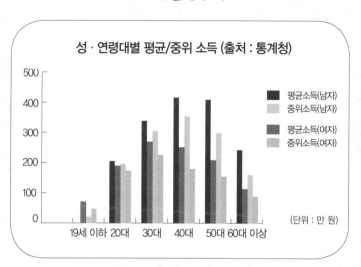

성별 임금 격차 1위

영화 〈헝거 게임〉과 〈엑스맨〉에 출연한 제니퍼 로렌스가 "여성 배우도 남
성 배우와 동일한 임금을 받아야 한다."라고 할리우드 영화계 내 성차별
을 언급해 파문이 일었습니다. 같은 영화에 출연해도 남성 배우가 더 많
은 급여를 받기 때문이죠. 영국 BBC 방송 캐리 그레이시 편집장은 '동일
가치 노동, 동일 임금'을 촉구하는 공개서한을 발표했습니다. 곧 영국에
서는 성별 임금 차별 문제를 해결하고자 '페이 미투(Pay Me Too)' 운동이
일어났어요. 영국은 우리나라보다 성별 임금 격차가 훨씬 적은데도, 이
운동은 영국 의회와 기업을 변화시켰습니다. 영국 정부는 250인 이상 기
업을 대상으로 매년 4월 4일 성별 임금 격차를 공개토록 하는 법안을 마
련했지요.

대한민국의 상황은 어떨까요? 대한민국은 OECD 회원국 중 성별 임금
격차가 가장 심한 나라입니다.

2000년 이후 줄곧 남녀 임금 격차 1위의 불명예스러운 자리를 지키고 있어요. 여성과 남성의 임금 차이는 36.7%로 남성이 100만 원을 받을 때 여성은 64만 원을 받지요. 임신과 출산, 육아로 여성의 경력이 단절된 40대 이후 남녀 소득 차이가 급격하게 벌어집니다. 50대 이후 여성은 남성 소득의 절반만 얻으며, 60대에는 절반에도 미치지 못합니다. 여성 고용률은 OECD 29위, 여성 임원율은 33위로 최하위권입니다. 차별 없는 건강한 사회를 만들기 위해 성별에 따른 고용률 및 임금 격차 개선은 해결해야 할 과제입니다.

제주 예멘 난민 사태

2018년 500명이 넘는 예멘인이 제주도로 입국하여 난민 신청을 했습니다. 그 과정에서 내국인 브로커가 가짜 난민을 조작했다는 주장이 제기되었습니다. 예멘 난민 수용 문제로 국민들은 논쟁을 벌였습니다. 급기야 70만 명이 청와대에 '난민 신청 허가 폐지'를 요청했어요.

난민 수용 찬성 입장은 아시아 최초로 난민법을 제정한 국가인 만큼 돌아갈 곳 없는 난민을 인도적으로 받아들이길 원합니다. 반대하는 이는 난민으로 인한 사회 갈등 및 국내 치안을 우려하지요. 유엔 난민 기구(UNHCR, United Nations High Commissioner for Refugees) 나비드 사이드 후세인 대표는 부유한 나라인 한국이 난민을 돕는 일에 앞장서 달라고 부탁했습니다.

하지만 난민 문제 해결은 쉽지 않아요. 검찰은 2018년 4,000건의 난민 신청 중 600명가량의 가짜 난민을 적발했습니다. 카자흐스탄, 러시아, 키르기스스탄, 필리핀, 태국, 베트남, 몽골 등 여러 나라에서 온 가짜 난민이 입국을 시도했습니다. 난민 브로커는 SNS 광고로 외국인을 모집한 뒤 서류를 위조해 가짜 난민을 만들어냈지요. 허위 난민 신청자 중에는 외국인 성매매 종사자도 포함되어 있었습니다. 난민 신청은 해마다 급증하여 2013년 1,574건에 불과했던 신청이 2018년 1만 6,173건으로 10배 이상 폭증했습니다. 대한민국 경제가 성장한 만큼 인도적 차원에서 난민 수용을 검토해야 하지만 진짜 난민을 확인하는 제도적 보완도 필요합니다.

중국의 추격

우리나라는 수출로 경제를 일으켰습니다. 반도체를 비롯한 전자 기기, 자동차, 선박, 의료 기기, 철강 제품 등 첨단 제조 및 장비 산업이 주요 수출품이지요. 그런데 중국이 대한민국 제조업을 따라잡을 계획을 시작했습니다.

▌ 우리나라 수출 품목 1위는 반도체이다. 대한민국은 제조업 수출로 경제를 일으켰다.

'중국 제조 2025'는 중국이 제조업 강국이 되기 위해 추진하는 계획입니다. 2025년까지 첨단 의료 기기, 바이오 의약 기술 및 원료 물질, 로봇, 통신 장비, 첨단 화학 제품, 항공 우주, 해양 엔지니어링, 전기차, 반도체와 같은 10개 하이테크 제조업 분야에서 중국 대표 기업을 육성하는 전략이지요. 중국은 자국 내 기업이 세계적인 수준에 도달할 때까지 전폭적으로 지원할 계획입니다. 중국 제조 2025 전략이 성공하면 첨단 산업 비중이 큰 국가가 타격을 받게 됩니다. 독일 연구 결과, 대한민국이 1순위 피해국으로 꼽혔습니다. 반도체와 디스플레이 등 한국의 주요 수출 품목이 가장 먼저 타격을 받기 때문이지요. 중국이 집중적으로 육성하는 산업은 모두 국내 대기업의 주력 사업이며, 주요 수출품과도 겹칩니다. 우리나라를 정확히 겨눈 중국의 추격은 커다란 위협입니다.

부패 인식 지수

독일 베를린에 본부를 둔 비영리 국제기구인 국제투명성기구(TI, Transparency International)는 매년 부패 인식 지수(CPI, Corruption Perceptions Index)를 발표합니다. 우리나라는 100점 만점에 57점으로 180개국 가운데 45위를 차지했어요. OECD 36개국 중에서는 30위로 하위권에 머물렀지요.

부정부패란 개인이 이익을 위해 자신의 지위나 권한을 이용하는 위법 행위입니다. 예를 들어 대학 입학 사정관이 뇌물을 받아 실력이 부족한 학생을 부정 입학 시키면 부패 행위입니다. 부패에 관대한 문화와 개인의 이기심이 부정부패의 가장 큰 원인입니다. 부패는 사회적 신뢰를 무너뜨려 사회 통합과 발전을 지연시키며, 개인과 사회의 도덕성을 훼손합니다.

▎ 부정부패를 당연시하는 관행이 사라져야 한다.

　일반적으로 국가의 경제 성장과 부패 지수는 반비례합니다. 경제가 성장할수록 부정부패가 줄어들지요. 세계 투자자들은 청렴한 나라에 믿고 투자하지만, 부정부패가 만연해 불투명한 사회라면 투자를 꺼립니다. 따라서 부패 인식 지수는 국제사회에서 매우 중요한 지표입니다.

　우리나라의 경제 규모는 세계 10위권이지만 부패 인식 지수는 세계 45위에 그칩니다. 부정부패는 나라 전체가 투명해지는 그날까지 국민 모두가 극복해야 할 커다란 과제입니다.

추락하는 언론 신뢰도

대한민국 국민이 언론의 공정성과 정확성을 신뢰하는 정도는 세계 최하위입니다. 영국 로이터 저널리즘 연구소에 따르면 한국인의 뉴스 신뢰도는 2년 연속 36개국 가운데 최하위입니다. 미국 퓨 리서치 센터가 미국, 일본, 러시아, 캐나다, 필리핀 등 38개국의 시민을 대상으로 한 언론 신뢰도 조사에서도 대한민국은 37위를 기록했습니다. 특히 '언론이 정치 보도를 공정하게 잘한다.'는 질문에 대한 응답은 27%로 38개국 중 37위였습니다. 18%인 그리스를 제외하고 가장 낮은 언론 신뢰도를 보였어요. '언론이 사안을 정확하게 보도한다.'에 답한 비율도 한국과 그리스는 각각 36%에 그쳤습니다. 국민이 정치 보도를 신뢰하는 나라로는 네덜란드, 캐나다, 호주, 일본, 미국이 대표적이며 언론 공정성 평가가 우리와 비슷한 나라로는 레바논, 아르헨티나 등이 있습니다.

언론 매체는 종이 신문과 텔레비전에서 점차 모바일 뉴스와 유튜브 중심으로 변해갑니다. 날마다 쏟아지는 가짜 뉴스로 인해 언론에 대한 국민의 불신이 높아진 상태입니다. 불공정한 뉴스는 사회를 혼란스럽게 합니다.

사례탐구 트럼프 대통령과 가짜 뉴스

미국 트럼프 대통령은 자신에게 비판적인 언론을 국민의 적이라며 독설을 퍼붓는 중입니다. 언론은 미국의 고용 실적이 좋아졌지만, 대통령 직무 수행에 문제가 있다는 뉴스를 보냈습니다. 이에 트럼프 대통령은 트위터를 통해 "그들은 존재하지도 않는 출처를 이용해, 완전히 소설로 이야기를 쓰고 있다. 내 대통령직 수행을 우려하는 가짜 뉴스와 부정직한 미디어는 역대 최악이다. 미국의 가짜 뉴스 미디어야말로 야당이고 진정한 국민의 적이다!"라며 맹비난했습니다.

역설적이게도 트럼프 대통령은 대선 과정에서 가짜 뉴스의 혜택을 본 사람입니다. 프란치스코 교황이 트럼프를 지지한다는 가짜 뉴스가 페이스북에서 96만 번이나 공유되었습니다. 이 뉴스는 마케도니아 소도시 청소년들이 만든 엉터리 뉴스로 밝혀졌지요.

가짜 뉴스는 독자가 허위 여부를 곧바로 확인하기 어렵기 때문에 시간이 한참 흘러 거짓으로 판명 나는 경우가 많아요. 1인 미디어 시대가 된 지금, 누구나 인터넷으로 손쉽게 허위 뉴스를 만듭니다. 거짓 뉴스가 사실을 흐리는 상황은 우리나라에서도 큰 골칫거리입니다.

더불어 언론이 아무리 보도해도 사람들이 믿지 않는다면 뉴스를 제작하는 사회 비용 낭비도 심각한 문제입니다. 대한민국 발전을 위해 정상적인 언론 신뢰도 회복이 시급합니다.

반면 언론 자유 지수는 큰 폭으로 상승해 대조를 이룹니다. 2018년 대한민국의 언론 자유 지수는 2017년 63위에서 무려 20계단 뛰어오른 43위를 기록했습니다. 이는 45위인 미국보다 높은 순위입니다. 정권이 교체되며 공영

방송이 정상화되고 언론은 전보다 자유롭게 기사를 씁니다. 언론은 자유로운 뉴스 보도가 가능해진 만큼 더욱 진실한 뉴스를 보낼 의무와 책임을 지켜야 합니다.

중산층의 위기

한 나라를 선진국과 개발도상국, 후진국으로 나누는 기준이 명확하지 않듯 한 가구를 상류층, 중산층, 빈곤층으로 분류하는 기준도 하나로 분명하게 정해져 있지 않아요. OECD는 중위 소득의 50%~150% 사이 집단을 중산층으로 정의하며, 미국 퓨 리서치 센터는 67~200% 사이 가구를 중산층으로 지칭합니다. 중위 소득이란 모든 가구를 소득순으로 나열했을 때 한가운데 해당하는 가구의 소득을 말하지요. 2019년 통계청이 발표한 중위 소득은

▎ 중산층은 한 나라의 가구를 소득순으로 세운 다음 중위 소득의 −50%에서 +50%까지의 소득을 가진 집단을 말한다.

4인 가구 기준 461만 원, 1인 가구 기준 170만 원입니다. 즉 월 소득 230만 원 ~692만 원인 4인 가구는 OECD 기준으로 중산층이지요.

2019년 OECD는 '압박받는 중산층(Under Pressure: The Squeezed Middle Class)' 보고서를 발표하며 중산층이 몰락한다고 진단했습니다. OECD 회원국의 중산층 비율은 점차 떨어지고 있습니다. 대한민국 중산층 비율은 61.1%로 평균(61%)을 웃돌고 미국 중산층 비율은 51.2%로 멕시코와 칠레에 이어 세 번째로 낮은 수치를 기록했어요. 임금 상승률은 낮지만, 물가 상승률은 치솟아 중산층은 압박을 받습니다. 우리나라에서는 임금이 4배 상승할 동안 전세보증금은 13배나 올랐어요. 심각한 문제는 앞으로 소득 양극화가 심화되어 중산층이 빈곤층으로 전락할 가능성이 크다는 점입니다.

NH투자증권이 조사한 '2017 대한민국 중산층 보고서'에서 중산층 10명 중 6명이 자신을 빈곤층이라고 답했습니다. 실제 중산층 비율은 물론, 체감 중산층 비율도 급감했지요. 대한민국 중산층을 위협하는 주원인은 높은 사교육비와 주거비로 나타났습니다. 1인당 국민소득은 3만 불을 달성했지만, 국민이 피부로 느끼는 삶은 더 팍팍해졌어요. 20대는 진로와 취업이, 30대는 거주 대책이, 4~50대는 노후가 불안한 실정입니다.

중산층은 한 나라의 사회와 경제를 떠받치는 허리입니다. 중산층이 흔들리면 경제 구조도 함께 위태로워져요. 또한 많은 사람이 사회구조가 불공정하다고 인식하면 정치적 불안정으로 번질 우려가 있어요. 중산층은 경제 성장과 사회 안정의 근간입니다. 중산층의 삶은 그 자체로 한 나라의 문화와 국민성을 보여주는 지표이지요. 국민 개개인의 삶의 질과 행복도가 높아야 살기 좋은 나라입니다.

오늘날 중산층은 암초가 많은 바다에 떠 있는 조각배 같다.

− 앙헬 구리아 OECD 사무총장

사례탐구 중산층의 기준

우리나라 직장인을 대상으로 조사한 결과 '부채 없는 30평 아파트, 월 500만 원 이상 급여, 2,000CC급 중형차, 1억 원 이상 예금 잔고, 연 1회 이상 해외여행'이 중산층의 조건으로 나타났습니다. 이는 경제 여건만을 고려한 기준으로 많은 점을 시사합니다. 다른 나라의 경우는 어떨까요? 영국 옥스퍼드 대학은 중산층의 기준으로 '페어플레이를 하고, 신념을 가지며, 독선적이지 않고, 약자를 두둔하고 강자에 대항하며, 불의·불평·불법에 의연히 대처해야 한다'고 제시합니다. 미국 국공립학교에서는 '자신의 주장에 떳떳하고, 사회 약자를 도우며, 부정에 저항하고, 테이블 위에 정기적인 비평지가 있어야 한다'고 가르치지요. 프랑스 퐁피두 전 대통령은 '하나 이상의 외국어 구사 능력, 스포츠 활동, 악기 연주, 자신만의 특별한 요리 솜씨, 꾸준한 봉사활동'을 중산층의 기준으로 언급했습니다. 경제적 측면뿐 아니라 사회 문화적 여건과 삶의 질, 교육 수준 및 도덕의식을 고려한 기준입니다. 우리 모두가 황금만능주의에 휩싸여 있지 않은지 한 번은 뒤돌아 봐야 할 것 같습니다.

우리 옛 조상은 중산층의 기준을 어떻게 생각했을까요? 두어 칸의 집과 전답(밭과 논), 두어 벌의 겨울 솜옷과 여름 베옷, 서적 한 시렁, 거문고 한 벌, 햇볕 쬘 마루 하나, 차 달일 화로 하나, 늙은 몸 부축할 지팡이 하나, 봄 경치 구경할 나귀 한 마리면 충분하다고 생각했습니다. 또한 도의를 어기지 않으며 나라의 어려운 일에 바른말을 해야 한다고 강조했지요.

먹고사는 문제를 넘어 운치를 즐기고, 자연을 향유하고자 노력한 선조의 지혜가 엿보입니다. 오늘날 소득 수준만으로 줄을 세우는 기준보다 국민 삶의 질을 깊게 고려한 모습이 아닐까요? 소득이나 자산뿐 아니라 문화 생활, 사회 기여, 시민 의식 등 사회 문화적 요소를 다층적으로 고려하여 새로운 중산층의 표준을 개발할 때입니다.

간추려 보기

- 재벌은 기업을 넘어 정치와 사회적 영향력을 행사하는 한국만의 특수한 대기업 형태다. 재벌은 우리나라의 빠른 경제 성장에 도움이 되었으나, 우리 사회의 고질적 병폐와 떼려야 뗄 수 없는 상황이다.
- 우리나라는 2000년 이후 줄곧 OECD 회원국 중 성별 임금 격차가 가장 큰 나라다.
- 중국은 제조업 강국이 되기 위해 국가가 전폭적으로 산업을 지원한다. 이에 우리나라 수출품이 큰 타격을 받을 것으로 예상된다.
- 대한민국의 언론 자유 지수는 높지만, 언론 신뢰도는 매우 낮다.
- OECD 회원국에서 중산층 비율이 점차 줄어들고 있다.

5장 선진국을 평가하는 새로운 기준

과거 선진국 평가 기준은 국민소득, 산업화와 공업화 등 주로 경제적인 측면만 고려했습니다. 오늘날 그 기준은 더욱 다양해졌어요. 국민 복지와 문화 발달, 외교 관계 등 경제 수치를 넘어 국민 삶의 질을 살핍니다. 행복, 정치, 인권, 평등, 문화와 같은 요소가 중요하게 여겨집니다. 나라가 아무리 부자여도 빈부 격차가 심하면 선진국이라 부르지 않아요. 새롭게 변하는 선진국 기준을 자세히 알아볼까요?

UN 인간개발지수

UN은 해마다 인간개발지수(HDI, Human Development Index)를 발표합니다. 인간개발지수는 한 나라의 개발 수준을 평가하기 위해 유엔개발계획(UNDP, United Nations Development Programme)이 고안한 새로운 지표입니다. 인간개발지수는 단순히 경제력만 측정하는 GDP와 달리 비물질적인 요소까지 평가합니다. 삶의 질을 결정하는 데 있어서 경제 요인이 대체로 큰 영향을 미치지만, 그 밖의 요소 역시 복합적으로 작용하기 때문이죠.

유엔개발계획은 평균 수명, 교육 수준, 빈곤, 실업, 환경, 건강, 육아 정책, 자살률 등 다양한 지표를 토대로 삶의 질을 평가합니다. 인간 생활과 관련

된 기본 요소를 반영하므로 인간 행복 지수라고 부르기도 해요. 인간개발지
수는 행복이 소득과 완전히 비례하기보다 소득을 어떻게 활용하느냐에 따
라 다르다는 것을 보여 주는 지표입니다. 보통 인간개발지수 0.8 이상이면
선진국으로 분류합니다. 대한민국 인간개발지수는 0.903으로 세계 22위입니
다. 이는 프랑스와 이탈리아보다 높은 순위입니다. 인간개발지수 기준으로
우리나라는 선진국에 속합니다.

민주주의 지수

한 나라의 수준을 제대로 파악하려면 경제와 생활은 물론 정치적 성숙함
도 파악해야 합니다. 영국의 《이코노미스트》지가 167개국을 조사해 발표하
는 민주주의 지수는 한 나라의 정치적 수준을 보여 주는 지표로 널리 활용

됩니다. 선거 투명성과 다원주의, 시민의 권리, 정부의 기능, 정치 참여, 정치
문화까지 5가지 내용을 분석한 수치를 발표합니다. 점수에 따라 각 나라는
'완전한 민주주의' '미흡한 민주주의' '민주주의와 권위주의 혼합 체제' '권위
주의'로 분류됩니다.

2017년 조사 기준, 노르웨이가 10점 만점에 9.87점으로 가장 높은 점수를
얻었고, 북한이 1.08점으로 가장 낮은 점수를 기록했어요. 대한민국은 2017
년 8.00점으로 20위를 차지해 아시아 지역에선 가장 높은 순위를 차지했습니
다. 현재 대한민국은 완전한 민주주의 직전 단계로 미국과 일본보다 민주주
의가 발달한 나라로 평가받아요.

중동에 선진국이 없는 이유

중동의 아랍에미리트의 1인당 GDP는 4만 불이 넘습니다. 쿠웨이트와 사우디아라비아의 1인당 GDP도 3만 불에 가깝지만 우리는 중동 산유국을 선진국으로 여기지 않습니다. 그 이유는 무엇일까요?

중동에 있는 여러 국가는 민주주의가 아닌 전제군주제 국가입니다. 총리와 의회 없이 국왕이 나라를 다스리지요. 장관은 국왕의 형제나 조카 등 직계 왕족이 담당합니다. 의회가 없는 사우디아라비아에는 당연히 국회 의원 선거도 없어요. 옛 우리나라 조선시대처럼 왕이 백성을 다스리는 셈이죠.

유전을 소유한 왕족이 석유로 얻은 막대한 이익을 국민에게 베풉니다. 국민은 일하지 않아도 국가 연금으로 생활할 수 있어요. 세금이 없고, 학비나 병원비가 무료인 곳도 있지요. 언뜻 보면 복지가 좋다고 생각할 수 있어요.

▌ 원유 매장량이 많은 중동 국가들은 석유 수출 산업에 집중한다.

하지만 왕족이 모든 국가 결정을 내리고 국민은 무조건 통치자의 뜻을 따라야 합니다. 이를 어기면 가혹한 형벌을 받아요. 비록 국가가 연금을 지급한다지만 왕족과 평민 간 빈부 격차가 극심합니다.

더불어 중동 국가는 석유 이외 산업이 미미합니다. 제조업, 정치와 사회 제도 발달도 더딥니다. 언론 통제가 심하고, 인터넷과 대중문화도 제한적이지요. 게다가 일부다처제가 행해지는 등 성차별 문제도 심각합니다.

사례탐구 규제가 심한 사우디아라비아

▌ 2018년 여성 운전을 허용한 사우디아라비아

사우디아라비아 여성들은 단지 여성이라는 이유 때문에 운전이 불가능했어요. 사우디아라비아는 최근까지 법적으로 여성에게 운전을 금지한 유일한 나라였지요. 2018년이 되어서야 여성 운전을 허가했습니다. 같은 해 상업 영화관도 문을 열었어요. 1982년 이슬람 부흥 운동으로 극장을 폐쇄한 지 35년 만의 일입니다. 이교도 축일을 명목으로 밸런타인데이를 금지하며, 종교의 자유가 없어 이슬람이 아닌 다른 종교로 개종하면 참수당하거나 추방당합니다. 이슬람을 찬양하는 음악이 아닌 대부분의 음악을 금지하며, 심지어 학교에 예체능 수입이 없는 경우도 있어요. 또한 여성의 활동을 제한하는 법률이 많아요. 사우디아라비아 여성은 길에서 낯선 남자와 대화하면 안 되고, 축구 관람도 할 수 없으며, 병원에서 치료받을 때조차 남성 보호자의 허락이 필요하지요. 사우디아라비아는 여성지위 향상을 약속했지만 오히려 2019년 4월 여성 운동가 7명을 체포했어요. 아직 여성들이 평범한 삶을 이어 가기엔 넘어야 할 산이 많습니다.

양극화 과제

양극화 문제는 지금까지 한 번도 해결되지 않은 문제입니다. 왕과 군주가 다스리던 봉건제가 무너지고 민주주의 사회가 되었지만, 빈부 격차는 줄어들지 않았어요. 오히려 2008년 경제 위기 이후 전 세계 양극화는 더욱 심해졌습니다. 경제가 좋은 나라는 더 좋아지고, 경제가 좋지 않은 나라는 더 어려워졌어요. 미국과 중국 등 경제가 회복되는 나라가 있는가 하면 베네수엘라와 터키처럼 극단적인 상황으로 치닫는 나라도 있습니다.

양극화는 국가 간뿐 아니라 한 국가 안에서도 심해지는 형국입니다. 복지 천국이라는 스웨덴이 부자 감세를 예고해 갈등이 예상됩니다. 2019년 스웨덴은 고소득층 감세를 비롯해 약 2조 4천억 원의 세금을 삭감하기로 했어요. 스웨덴도 평등한 나라로 알려져 있지만, 사실 최고 부유층 1%가 차지하는 부의 비율이 미국보다 큽니다. 이번 세금 정책으로 스웨덴의 소득 양극화는 더 심해질 전망입니다. 소득 양극화 문제는 이미 경제와 사회 제도가 자리 잡은 나라에서조차 해결하기 어렵지요. 선진국이 되려면 빈부 격차 해소를 위해 법과 제도를 정비하며 꾸준히 노력해야 합니다.

전문가 의견

빈곤과의 전쟁은 단순히 가난한 사람을 지원하는 것을 의미하지 않는다. 이들이 가난을 벗어날 수 있도록 능력 개발을 도와야 한다.

– 린든 존슨 미국 전 대통령

인권이 먼저

"모든 사람은 인종, 피부색, 성별, 언어, 종교, 정치적 또는 그 밖의 견해, 국적 또는 사회적 출신, 재산, 출생 또는 이와 유사한 어떠한 이유에 의해서도 차별받지 않고 이 선언에 규정된 모든 권리와 자유를 누릴 자격이 있다." 이는 1948년 유엔 총회에서 채택된 세계 인권 선언 제2조입니다.

우리가 선진국이라 부르는 많은 나라는 불평등한 인권 문제로 갈등을 겪었습니다. 미국은 남북전쟁 중 흑인 노예 해방을 선언했어요. 하지만 이후 100년이 흐른 1964년에야 흑인은 법적으로 완전히 평등한 지위를 얻었습니다. 프랑스는 1946년에 이르러서야 여성 참정권이 생겼습니다. 우리나라가 해방 이후 1948년에 남녀 모두 첫 투표를 한 시기와 크게 다르지 않지요. 중국에서는 백만 명에 가까운 위구르족을 집단 수용소에 가두고 고문하는 인권 탄압이 여전히 행해집니다. 싱가포르는 범죄자를 거대한 몽둥이로 때리는

비인간적인 태형 제도를 시행합니다. 장애인 인권 감수성이 빈약한 우리나라에서는 지역 주민들이 나서 특수학교 건립을 반대하는 사태가 발생하기도 했어요.

　아직도 지구상의 차별은 사라지지 않았습니다. 인권 회복을 위한 운동은 여전히 진행 중입니다. 인권 선언문에 나왔듯이 사회 모든 계층이 차별받지 않고 동등한 지위를 획득할 때, 그 나라는 진정한 의미의 선진국이 될 수 있습니다.

6장 유토피아는 가능할까?

앞서 살펴본 바와 같이 소위 우리가 선진국이라고 생각하는 나라도 완벽하지 않습니다. 빈부 격차가 없고, 복지가 완벽하며, 차별 없이 평화로운 나라는 지구상에 없습니다. 복지는 스웨덴을 따라 하고, 경제 규모는 미국을 좇고, 교육 제도는 핀란드를 참고하는 식으로 우수한 분야마다 다른 나라를 모방하면 오히려 혼란에 빠질 수 있습니다. 지금 우리가 달성하려는 선진국이라는 목표는 현실에 없는 유토피아일지도 모릅니다. 선진국이 되기 위해 꼭 누군가를 따라 해야만 할까요? 여기에는 다른 나라가 우리나라보다 우수하다는 전제가 깔려있습니다. 우리는 산업이 발달한 서구 국가를 우월하다 여기고 비서구 국가의 다양성과 독자성을 열등하다며 비하하기도 했습니다. 산업을 넘어 서구 문화가 더 우수하다는 인식까지 퍼졌습니다. 우리나라 전통은 뒤떨어진 것이라며 서양식 사회 구조와 생활 양식을 급진적으로 도입했습니다. 지나친 근대화의 부작용에 대한 반발로 전통을 되살리려는 노력이 있긴 하나 정도는 미미합니다. 대한민국이 이미 경제 선진국에 진입했음에도 이를 받아들이지 않는 국민이 많습니다. 대한민국이 명실상부한 선진국으로 서기 위해 우리에게 필요한 과제는 무엇일까요?

서구 근대화 중심 발전의 한계

대한민국이 전통을 경시하게 된 계기는 역사와 큰 관련이 있습니다. 일제강점기 시절 일본은 제국주의 정당화를 위해, 한국이 미개한 나라이며, 일본의 한반도 식민 지배는 한국을 문명국으로 발전시키기 위해 필요한 일이라고 주장했습니다. 조선 왕조가 무능했기 때문에 어쩔 수 없이 일본의 지배를 받아야 한다며 역사를 왜곡하고 전통과의 단절을 시도했습니다.

해방 후 이어진 정부 역시 과거 역사를 부정하며 근대화와 경제화만을 강조했습니다. 이는 일제강점기부터 이어진 조선 역사 평가 절하와 맥을 같이합니다. 군사 정권은 산업 발전과 경제만 강조하며 조직을 위한 개인의 희생을 강요했지요. 국가 발전을 위해 허리띠를 졸라매고 전력투구하는 일이 최고의 미덕으로 칭송받았습니다.

1970년 박정희 전 대통령은 근면·자조·협동 중심의 '새마을 운동'을 벌였습니다. 경제적으로 자립하여 선진국 대열에 꼭 진입해야 한다는 의지를 국민들에게 강하게 심어준 정부 주도 하의 국민적 근대화 운동이었지요. 새마을 운동이 국가 경제에 크게 이바지한 것은 사실이나, 지나친 성장 위주 정책은 우리나라 전반에 여러 문제를 일으켰습니다. 가장 큰 문제는 대한민국 국민이 열등하다는 잘못된 인식을 널리 퍼트린 점입니다.

비판받는 이중 잣대

기후 변화 연구 기관인 기후행동추적(CAT, Climate Action Tracker)은 한국의 기후 변화 대응이 매우 불충분하다고 지적했습니다. 한국을 사우디아라비아, 호주, 뉴질랜드와 함께 '세계 4대 기후 악당(Climate Villain)'으로 지목했지요. 기후행동추적은 **온실가스** 감축 목표가 낮고 이행 방법 역시 소극적인 국가를 기후 악당이라고 지칭합니다. 대한민국이 기후 악당으로 오명을 얻게 된 이유는 온실가스 배출량을 선진국이 아닌 개발도상국을 기준으로 조정했기 때문입니다. **유럽연합**(EU, European Union)은 1990년 배출량 대비 40%를 감축하기로 약속했지만, 우리는 1990년 배출량보다 오히려 83% 증가한 양을 2030년 목표 배출량으로 제시했어요. 2030년까지 특별한 감축 노력이 없을 때 늘어날 배출량을 가정한 다음, 그 수치를 기준으로 감축하겠다고 공표한 결과였지요. GDP 12위 국가이자, 온실가스 배출 7위 국가인 대한민국의 이산화탄소 목표 감소율이 적정한지 논란이 일었습니다. 우리나라는 국내외에서 이산화탄소 감축 의지가 부족하다는 비판을 받아 국가 온실가스 감축 로드맵을 수정했습니다.

현재 대한민국은 개발도상국으로 머무르기엔 많이 발전했습니다. 개발도상국에 경제 원조를 하는 나라가 개발도상국의 혜택을 받으려 하니 이중 잣대라는 비판을 면하기 어렵지요. 우리가 경제적 도움이 필요한 개발도상국의 태도를 취하면 국제사회는 등을 돌립니다. 앞서 살펴봤듯 우리나라는 정치, 경제, 문화적으로 성숙했기 때문입니다.

사례탐구 파리 증후군

| 쓰레기가 쌓인 프랑스 파리의 모습

서구 선진국에 환상을 가진 나라는 비단 우리나라만이 아닙니다. 예술의 도시 프랑스 파리는 낭만의 수도로 여겨집니다. '파리 증후군'이란 환상을 품고 파리에 도착한 외국인(주로 일본인)이 현지의 관습과 문화에 적응하지 못해 우울증에 가까운 증상을 보이는 상태를 가리킵니다. 아름답고 고상한 도시를 기대했다가 냄새나는 골목, 거리에 넘치는 노숙자, 사방에 널린 개똥과 쓰레기, 동양인을 향한 인종 차별로 환상이 깨져 파리에 크게 실망합니다. 게다가 프랑스어나 영어를 구사하지 못하는 동양인은 레스토랑 웨이터에게 푸대접을 받거나 소매치기를 만나 여행을 망치기도 하지요.

놀랍게도 파리 증후군의 가장 큰 원인은 개똥입니다. 프랑스 일간지 《르 피가로(Le Figaro)》는 2001년 "매일 16톤의 개똥이 파리 시내에 쌓이며, 매년 약 650명이 개똥에 미끄러져 입원한다."라고 밝혔습니다.

이후 파리시는 개똥에 높은 벌금을 물렸지만 아직도 이 문제가 완전히 해결되지 않았습니다. 일본 여행객이 파리가 너무 더럽다고 항의하자, 일본 여행업체가 파리 거리 청소에 직접 나섰습니다. 여행업체는 위생 관념이 철저한 일본인에게 깨끗한 도시를 선사하고자 에펠탑 주변을 비롯한 주요 관광지를 청소했지요. 파리 증후군은 주로 일본인에게 발생했으나 2000년대 들어 중국인 관광객에게도 퍼지고 있습니다.

실감 나지 않는 선진국

GDP 3만 달러 시대에도 대한민국이 선진국임을 실감하지 못하는 사람들이 적지 않습니다. 통계청에 따르면 도시 근로자 4인 가구의 월평균 소득은 584만 원입니다. 연 소득으로 환산하면 7,000만 원 정도이지요. 비정규직이나 자영업자의 월 소득은 이보다 훨씬 낮습니다. 하위 20%의 월평균 소득은 123만 원으로 최저 임금 174만 5,150원(월급)의 70%에 불과합니다. 소득 수준 20~40% 가구 월평균 소득은 277만 원이지요. 도시 근로자 4인 가구 월평균 소득 584만 원이란 통계조차 상위 20% 부자 가구의 월평균 소득인 932만 원으로 겨우 지탱 중인 셈입니다.

2019년 최저 시급은 8,350원입니다. 저소득층이 최저 임금만으로 생활하기엔 턱없이 부족한 상황입니다. 최저 임금제를 강화하는 등 하위 계층 소득을 늘려야만 전 국민이 GDP 3만 달러 시대를 실감하고 비로소 우리나라가 선진국임을 인정할 것입니다.

알아 두기

각박한 청년층을 나타내는 신조어

- **88만 원 세대** : 고용 불안에 시달리는 2007년 전후 한국의 20대를 지칭합니다. 비정규직 평균 급여인 119만 원에 20대 평균 임금 비율에 해당하는 74%를 곱한 금액이 88만 원이에요. 극심한 청년 취업난을 대표하는 단어입니다.

- **열정 페이** : 열정과 페이가 결합한 신조어입니다. '좋아하는 일(열정)'에 대한 경험을 '돈(pay)' 대신 주겠다는 뜻입니다. 즉 정당한 대가를 지급하지 않으면서 열정만을 요구한다는 뜻이지요. 월급은 적게 주면서 업무는 많이 시키는 행위를 비꼬는 말이에요.

- **삼포 세대** : 연애, 결혼, 출산 세 가지를 포기한 세대를 일컫는 신조어입니다. 학자금 대출 상환, 불안정한 일자리, 치솟는 집값 등 과도한 삶의 비용으로 인해 연애와 결혼, 출산을 포기하거나 미루는 20대~30대를 지칭해요.

- **헬조선** : '헬(지옥)'과 '조선'의 합성어로 한국이 지옥처럼 희망 없는 사회라는 의미입니다. 열정 페이, 취업난, 삼포 세대로 대변되는 청년층이 한국을 자조적으로 일컫는 인터넷 신조어입니다.

외국인이 보는 한국 vs 우리가 느끼는 한국

문화체육관광부는 16개국 8천 명을 대상으로 대한민국 국가 이미지를 조사했습니다. 그 결과 80% 이상의 외국인이 대한민국의 이미지가 좋다고 답변했어요. 평창 동계올림픽은 물론 남북 정상 회담도 70% 이상의 외국인이 긍정적으로 평가했지요.

부정적인 영향을 주는 요인은 북핵 문제(23.3%), 정치 상황(19.6%), 국제적 위상(13.0%), 문화유산(10.1%), 전쟁 위험(9.5%) 등으로 집계되었습니다. 한국의 이미지를 높이기 위한 과제로는 조사에 참여한 모든 국가에서 '남북문제의 평화적 해결(40.8%)'을 최우선 과제로 꼽았습니다.

국가별로는 인도네시아, 태국, 브라질, 멕시코, 러시아는 90% 이상, 프랑스, 독일, 호주, 미국, 영국은 70% 이상 대한민국에 호감을 보였습니다. 우리나라 국가 이미지는 우리 국민보다 외국인이 더 긍정적으로 평가했어요. 한국인은 매우 긍정적(3.8%), 다소 긍정적(50.6%) 등 긍정적인 답변이 54.4%에 불과했으나 외국인은 매우 긍정적(34.6%), 다소 긍정적(45.7%) 등 80.3%가 한국의 이미지를 긍정적이라고 답했습니다. 우리는 외국인이 보는 것보다 스스로를 평가 절하하는 경향이 강합니다. 우리는 외부에서 대한민국을 지켜보는 만큼 긍지를 가져도 좋습니다. 아직 부족한 면만 볼 것이 아니라, 우리가 이뤄낸 성과를 인정할 필요가 있습니다.

선진국, 집착할수록 멀어지는 목표

그동안 우리나라는 선진국이 되기 위해, 여러 나라를 따라잡으려 노력했습니다. GDP 달성, 수출 증가, 빈부 격차 해소, 복지 확대, 행복 지수 향상

▌ 상상 속 동물 기린. 기린은 용과 같은 머리, 말과 같은 발굽, 사슴과 같은 몸뚱이, 소와 같은 꼬리를 한 모습으로 알려져 있습니다. 우리가 찾는 선진국은 상상 속 기린처럼 존재할 수 없는 나라일지 모릅니다.

등 하루빨리 선진국 수준에 도달하려고 눈에 보이는 가치만 추구했지요. 살기 좋은 나라로 만들기보다 남들이 인정하는 결과를 내려고 앞만 보고 달렸습니다. 그러다 보니 역설적으로 선진국에 집착할수록 과도한 경쟁 때문에 선진국에서 멀어지고 있습니다. 가장 큰 예는 바로 자살률입니다. 대한민국은 오랫동안 OECD 자살률 1위 국가였습니다. 더 큰 문제는 10대부터 30대까지 사망 원인 1위가 자살이라는 사실입니다. 10대 사망자 중 무려 51.7%의 사인이 자살입니다. 즉 사망한 두 명 중 한 명 이상의 청소년이 스스로 생을 마감한 셈이죠. 대한민국은 별다른 자원 없이 교육의 힘으로 국가 발전을 이루었습니다. 교육과 학업 만능주의 사회는 학생들을 무자비한 경쟁 상태로 밀어 넣었지요. 김영삼 전 대통령의 연설은 이를 단적으로 보여 줍니다.

"우리는 경쟁에서 반드시 이겨야 합니다. 그리하여 우리 모두가 염원하는 선진국 진입을 기어코 달성해야 합니다."라는 발언은 무한 경쟁을 강조합니다.

지나친 학업 스트레스는 학교 폭력과 왕따 문제라는 비극으로 되돌아왔습니다. 선진국 초입에서 탈락할지 모른다는 공포가 압박이 되어 사회 전체를 짓눌렀습니다. 자살률은 청년은 물론 노인층까지 위협합니다. 국민이 잘사는 나라를 만들면 대한민국의 상황은 저절로 좋아질 것입니다. 선진국에 입성하려고 대외적 수치만 끌어올리는 방식은 진정으로 행복한 나라로 가는 방법이 아닙니다. 이제는 외적 성장보다 내적 가치에 집중할 때입니다.

대한민국 그 자체로

대한민국은 한마디로 정의하기 어려운 특별한 나라입니다. 4천 년이 넘는 역사, 강대국에 둘러싸인 지정학적 위치, 초특급 경제 성장, 촛불 집회서 보인 성숙한 정치의식, 세계 최고 IT 기업, 뜨거운 교육열, 음악과 게임으로 지구촌에 퍼진 한류와 '빨리빨리' 정신까지 다양한 특징을 지녔습니다. 더불어 유일한 분단국가이며, 2년 전만 해도 핵무기 위협을 받았으나 지금은 종전 선언이 추진되고 있지요. 무엇보다 대한민국 성장 방식은 지구상에 어떤 나라에서도 유례를 찾을 수 없을 만큼 독특합니다.

우방이자 선진국의 대표주자인 미국식 선진국 모델을 우리나라에 그대로 적용하기에는 한계가 있습니다. 자본주의가 고도로 발달한 미국은 극심한 빈부 격차에 시달립니다. 옆 나라 일본은 여성 인권 문제가 심각합니다. 경제 발전과 사회 발전이 균형을 이루지 못했지요. 복지 천국으로 불리는 북유럽 국가처럼 변해야 할까요? 당장 50% 이상의 소득세를 부과해 복지를 이루면

▌ 대한민국은 독특한 나라이다.

많은 부작용이 따를 것입니다.

　객관적으로 볼 때 우리는 소위 선진국이 되었습니다. 우리가 이상적으로 여기는 선진국의 모습은 존재하지 않는 상상 속 나라인 '유토피아'일 뿐입니다. 대한민국은 대한민국입니다. 다른 나라보다 열등하지도, 우등하지도 않습니다. 우리와 다른 선진국을 따라 할 것이 아니라 한국만의 독자적인 방향으로 나아가야 합니다. 이 분야는 이 나라를, 저 분야는 저 나라를 따라 하는 식으로 방향을 잃고 남만 좇으면 균형을 잃고 비틀거리다 쓰러질지 모릅니다.

　원조를 받던 나라가 다른 나라를 원조하는 위치에 이르렀고, 대한민국 제품이 세계에 퍼졌으며, 한글로 된 노래가 지구 반대편에서 흘러나옵니다. 존재하지 않는 상상 속 파랑새를 만나려고 무작정 앞으로 달리기보다는 우리의 과거와 현재를 둘러보고 함께 잘 사는 좋은 나라를 만들면 그것이 진정한 선진국의 모습입니다.

아울러 우리나라만 잘살려는 편협한 마음을 버려야 합니다. 기후 협약에서 자국 이익만을 따지는 미국, 사회 비용을 이유로 난민을 거부하는 스웨덴, 방사능에 오염된 해산물을 수출하려는 일본 등 이기적인 행동은 비판받아 마땅합니다. 선진국으로서 이득만 취하고 의무를 등한시하는 나라는 국제사회에서 고립됩니다. 우리나라가 세계 문화 및 인류 발전에 기여하는 국가가 될 때 당당한 선진국으로 설 수 있습니다.

간추려 보기

- 역사를 부정한 서구 중심 근대화를 극복해야 한다.
- 프랑스 파리에 지나친 환상을 가진 이들은 실제 파리에 도착해 크게 실망하기도 한다.
- 지나친 경쟁 사회의 부작용은 높은 자살률로 나타난다.
- 대한민국이 기후 문제에서 개발도상국의 혜택을 받으려 한 태도는 기후 악당이라는 오명을 남겼다.
- 완벽한 나라인 유토피아는 없다. 다른 나라를 따라 할 것이 아니라 우리만의 독특함을 살려야 한다.

용어 설명

국제연합(UN, United Nations) 전쟁 방지
및 국제 평화와 안전을 위한 국제기구.
제2차 세계대전 후 설립되었다.

국제통화기금(IMF, International Monetary
Fund) 1945년에 설립된 국제 금융 기
구. 세계 무역 확대를 통해 가맹국의
소득 증가, 고용 증대를 목표로 외환
시세의 안정과 자금 공여를 주요 활동
으로 한다.

국제투명성기구(TI, Transparency
International) 국제 부패 억제를 위한
국제비정부기구(NGO). 매년 각국의
부패지수를 산출한다.

개발원조위원회(DAC, Development
Assistance Committee) 개발도상
국 경제 원조를 위해 1961년 결성된
OECD 산하 기구.

경제협력개발기구(OECD, Organization
for Economic Cooperation and
Development) 세계 경제 공동 발전
을 도모하는 협력 기구. 경제 성장, 개
발 협력, 무역 확대를 목적으로 한다.
대한민국은 1996년 29번째 회원국으
로 가입했다.

교토 의정서 지구온난화 방지를 위한 기후
변화협약의 구체적 이행 방안. 1997
년 일본 교토에서 개최된 기후변화협
약 당사국 총회에서 채택되었다. 선진
국 이산화탄소 배출량을 1990년 기준
으로 5.2% 감축하는 것을 목표를 설정
했다. 미국은 자국 산업에 제약을 받지
않기 위해 2001년 탈퇴를 선언했다.

민주주의 국민이 권력을 가지고 그 권력을
스스로 행사하는 제도. 또는 그런 정치
를 지향하는 사상. 기본적 인권, 자유
권, 평등권, 다수결의 원리, 법치주의
등을 기본 원리로 한다.

부르카 이슬람 여성 전통 복식 가운데 하나
로, 머리에서 발목까지 전신을 가리는
겉옷.

세계 인권 선언 1948년 12월 10일 유엔 총
회에서 공식 채택된 선언. 제2차 세계
대전에서 행해진 인권 침해에 대한 반
성과 인간의 기본적인 권리 존중을 위
해 선포되었다. 자유와 평등, 인간의
존엄성을 강조한다.

소비 절벽 경기 불황 증세에 대한 불안 심리로 인해 소비를 하지 않는 현상을 뜻하는 신조어.

양극화 서로 다른 계층이나 집단이 점점 더 멀어지는 현상. 경제·사회적 용어로 사용될 때, 빈부 격차가 심화된다는 뜻.

온실가스 대기를 오염시켜 온실 효과를 일으키는 가스를 통틀어 이르는 말. 이산화탄소, 메탄 따위의 가스를 말한다.

앰네스티(AI, Amnesty International) 인권 침해 고발을 목적으로 설립된 비정부 인권 기구. 난민, 여성, 성소수자 등 인권 침해에 노출된 사회적 약자를 돕는 활동을 전개한다.

유니세프(UNICEF, United Nations International Children's Emergency Fund) 국제 아동 기금. 1964년 개발도상국 아동의 복지 향상을 위해 설립된 국제 연합의 특별 기구.

유리천장 여성의 고위직 진출을 가로막는, 보이지 않는 장벽을 비유적으로 이르는 말.

중산층 재산의 소유 정도가 유산 계급과 무산 계급의 중간에 놓인 계급. 중소 상공업자, 소지주, 봉급생활자 등이 이에 속한다.

채권국 다른 나라에 빚을 준 나라. 채무국은 다른 나라에 빚을 진 나라이다.

파리 클럽 국제 채무 문제 해결을 목적으로 설립된 비공식 협의체. 채권국이 모여 공적 채무를 재조정한다. 한국은 '특별 참여국'이었으나 2016년 정식 회원국이 되었다.

파리 협약 교토 의정서 종결 후 2021년부터 새롭게 시행되는 기후 협약.

1인당 GDP 1인당 국내총생산. 한 나라 안에서 생산된 최종 생산물의 가치의 합을 그 나라의 인구수로 나눈 것. 2017년 통계청 기준에 따르면 한국은 약 3만 달러에 이른다.

연표

1863년	미국에서 흑인 노예 해방이 선포되었다.
1939년	제2차 세계대전이 발발했다.
1945년	제2차 세계대전이 끝나고, 국제연합(UN)이 결성됐다.
1946년	프랑스에서 여성 참정권을 인정했다.
1948년	유엔 총회에서 세계 인권 선언이 채택되었다.
1950년	한국전쟁이 발발했다.
1953년	한국전쟁 휴전 협정이 체결되었다. 대한민국은 1인당 국민소득 67달러를 기록했다.
1961년	경제협력개발기구(OECD)가 창설됐다. 개발원조위원회(DAC)가 설립됐다.
1964년	미국에서 흑인이 법적으로 완전히 평등한 지위를 얻었다.
1985년	영국 훌리건과 이탈리아 팬 간 충돌로 대형 사고가 발생했다.

1988년	서울 올림픽이 개최됐다.
1993년	유럽연합(EU)이 창설되었다.
1996년	대한민국이 경제협력개발기구(OECD) 회원국으로 가입했다.
1997년	대한민국 외환보유액이 39억 달러까지 감소하여 국가 위기가 발생했다. 우리나라가 국제통화기금(IMF)에 구제금융을 요청했다. 기후변화협약 총회에서 교토 의정서가 채택되었다.
2002년	한일 월드컵이 개최됐다.
2009년	대한민국이 개발원조위원회(DAC)에 가입했다.
2011년	대구 세계육상선수권대회가 개최됐다.
2015년	중국 정부가 중국 제조 2025 전략을 발표했다.

2016년	스웨덴 정부가 난민 8만 명을 추방했다.
	대한민국이 파리 클럽 정회원국으로 가입했다.
	대한민국에서 정권 교체를 요구하는 촛불 집회가 열렸다.
	신기후 체제로 파리 협약이 채택되었다.
2017년	미투 운동이 일어났다.
	대한민국 게임 수출액이 5조 4천억 원을 넘었다.
2018년	대한민국 1인당 국민소득이 3만 달러를 돌파했다.
	대한민국 외환보유액이 4천억 달러를 돌파했다.
	평창 동계올림픽이 개최되었다.
	영국에서 페이 미투 운동이 시작됐다.
	대한민국 출산율이 0.98명을 기록했다.
	한국에서 제주 예멘 난민 사태가 벌어졌다.
	사우디아라비아에서 여성 운전이 허용됐다.

더 알아보기

국가 통계 포털
http://kosis.kr

국내 · 국제 · 북한의 주요 통계를 제공한다. 현재 300여 개 기관이 작성하는 경제 · 사회 · 환경에 관한 1,000여 종의 국가승인통계를 수록하고 있으며, 국제 금융 · 경제에 관한 IMF, World bank, OECD 등의 최신 통계도 제공한다. KOSIS 국가통계포털 사이트에서 인구, 복지, 고용, 교육, 재정, 농업, 교통, 무역 등 세부 항목별로 정리된 통계를 확인할 수 있다.

경제협력개발기구(OECD)
http://www.oecd.org

세계 경제의 공동 발전과 인류의 복지 증진을 도모하는 정부 간 정책 연구 협력 기구이다. 제2차 세계대전 이후 발족한 유럽경제협력기구(OEEC)를 모태로 1961년 창설되었다. 개방된 시장경제 · 다원적 민주주의 · 인권 존중을 3대 가치관으로 삼는다. 회원국이 모여 환경, 치안, 교육, 대중교통, 보건 의료 등 사회 정책 전반에 걸쳐 논의한다. 초기에는 선진권 중심으로 회원을 늘렸으나, 1989년 이후 비선진국권으로 협력관계를 확대했다.

유엔개발계획(UNDP)

http://www.undp.org/content/undp/en/home

유엔 산하 기관으로 개발도상국의 경제적 · 사회적 개발을 촉진하기 위해 설립되었다. 민주적 국가경영, 빈곤 감소, 위기 예방 및 복구, 환경 및 에너지, 인간 면역결핍 바이러스 및 후천성 면역결핍 증후군의 예방 등 5개 분야에 집중한다. 매년 인간개발 보고서(Human Development Report)를 발간하여 인간개발지수, 교육지수, 기대수명지수 등을 제공한다.

세계 불평등 연구소(World Inequality Lab)

https://wid.world

세계 소득 · 자산 불평등 데이터를 수집해 보고서를 작성하는 기관이다. 2017년 12월 14일 파리 경제 학회에서 '세계 불평등 보고서 2018'를 발표하여 1980년 이후 전 세계적으로 빈부 격차가 심화되었다고 경고했다. 국가별, 지역별, 시기별, 종류별로 통계를 제공한다.

참고 자료

도서

《불평등의 대가》   조지프 스티글리츠, 열린책들, 2013

《사다리 걷어차기》   장하준, 부키, 2004

《선진국의 탄생》   김종태, 돌베개, 2018

《한국인만 모르는 다른 대한민국》   임마누엘 페스트라이쉬, 21세기북스, 2013

논문 및 보고서

〈임금근로 일자리별 소득(보수) 결과〉   통계청, 2017

〈필리핀 경제의 구조적 문제점과 한국·필리핀 경제협력 방향〉

오윤아, 신민금, 대외경제정책연구원, 2013

〈2018년 청소년 통계 보고서〉   여성가족부, 2018

〈Democracy Index 2017 – Economist Intelligence Unit〉

The Economist, 2017

〈Poor Children in rich countries: why we need policy action〉   OECD, 2018

〈World Inequality Report〉   World Inequality Lab, 2018

찾아보기

ㄱ

개발도상국 7, 17, 18, 64, 85, 93

개발원조위원회(DAC) 18, 21, 25

검은 사막 47

경제협력개발기구(OECD) 17, 18, 21, 56, 57, 58, 60, 64, 65, 66, 67, 90

교토 의정서 33, 34, 35

구글 플레이 스토어 47

국내총생산(GDP) 13, 14, 15, 20, 25, 42, 71, 74, 85, 87, 89

국민소득 6, 19, 21, 65, 71

국민청원 41

국제통화기금(IMF) 15, 16, 18, 21, 39

ㄴ

난민 29, 35, 58, 59, 93

ㄷ

대기업 16, 53, 54, 60, 67

ㄹ

로비 54

ㅁ

민주주의 6, 8, 39, 40, 41, 49, 72, 73, 74, 76, 79

ㅂ

배틀 그라운드 47, 48

부정부패 54, 60, 61

빈부 격차 16, 20, 21, 25, 26, 30, 31, 35, 71, 75, 76, 77, 79, 83, 89, 91

ㅅ

성평등 31, 56

소비 절벽 55

수출 47, 59, 60, 74, 89, 93

ㅇ

양극화 25, 26, 65, 76, 79

온실가스 85

외환보유액 15, 16, 21, 53

유니세프(UNICEF) 45, 46

유럽연합(EU) 85

유리천장 56

의료 민영화 28, 35

인권 29, 31, 32, 71, 77, 78, 79, 91

ㅈ

자본주의 7, 91

정권 교체 20, 39, 40, 49

지구온난화 33

ㅊ

촛불 집회 39, 40, 49, 91

ㅌ

트럼프 34, 63

ㅍ

파리 클럽 21, 25

파리 협약 34, 35

ㅎ

한국전쟁 6, 18, 54

한류 47, 48, 91

할리우드 25, 32, 57

기타

30-50 클럽 19, 25

K-pop 44, 46, 49

내인생의책은 한 권의 책을 만들 때마다
우리 아이들이 나중에 자라 이 책이 '내 인생의 책'이라고 말할 수 있는 책을 만들고자 합니다.

세상에 대하여 우리가 더 잘 알아야 할 교양

(72) **선진국** 대한민국은 선진국일까?

양서윤 지음

초판 인쇄일 2019년 8월 6일 ㅣ 초판 발행일 2019년 8월 20일
펴낸이 조기룡 ㅣ 펴낸곳 내인생의책 ㅣ 등록번호 제10-2315호
주소 서울시 성동구 연무장5가길 7 현대테라스타워 E동 1403호
전화 02) 335-0449, 335-0445(편집) ㅣ 팩스 02) 6499-1165
편집 김선영 ㅣ 디자인 김은희 ㅣ 마케팅 한하람

ISBN 979-11-5723-487-5 (44300)
       979-11-5723-416-5 (세트)

이 도서의 국립중앙도서관 출판예정도서목록(CIP)은 서지정보유통지원시스템 홈페이지(http://seoji.nl.go.kr)와
국가자료종합목록 구축시스템(http://kolis-net.nl.go.kr)에서 이용하실 수 있습니다.(CIP제어번호 : 2019027125)

내인생의책에서는 참신한 발상, 따뜻한 시선을 가진 원고를 기다리고 있습니다.
원고는 나무의 목숨값에 해당하는 가치를 지녔으면 합니다.
원고는 내인생의책 전자우편이나 홈페이지를 이용해 보내 주세요.

전자 우편 bookinmylife@naver.com ㅣ **홈페이지** http://bookinmylife.com

어린이제품 안전 특별법에 의한 제품 표시

제조자명 내인생의책 ㅣ **제조 연월** 2019년 8월 ㅣ **제조국** 대한민국 ㅣ **사용연령** 5세 이상 어린이 제품
주소 및 연락처 서울시 성동구 연무장5가길 7 현대테라스타워 E동 1403호 02) 335-0449 ㅣ **담당 편집자** 김선영